新视野教师教育丛书·专业养成系列

GIVING A LECTURE
FROM PRESENTING TO TEACHING
(SECOND EDITION)

如何做讲座
从展示到教学
（第二版）

〔英〕凯特·艾斯里（Kate Exley）
〔英〕瑞格·德内克（Reg Dennick） 著
杨 勇 译

著作权合同登记号　图字：01-2017-7552
图书在版编目(CIP)数据

如何做讲座：从展示到教学：第二版/(英)凯特·艾斯里(Kate Exley),(英)瑞格·德内克(Reg Dennick)著;杨勇译. —北京：北京大学出版社，2018.4
(新视野教师教育丛书·专业养成系列)
ISBN 978-7-301-29240-2

Ⅰ.①如…　Ⅱ.①凯…②瑞…③杨…　Ⅲ.①讲座—师资培训—教材　Ⅳ.①G206.3

中国版本图书馆 CIP 数据核字（2018）第 028498 号

Authorized translation from the English language edition published by Routledge, a member of the Taylor & Francis Group. Entitled Giving a Lecture: From Presenting to Teaching , Second Edition, 978-0-415-47140-4 by Kate Exley and Reg Dennick, published by Routledge 2009. All Rights Reserved.

Copies of this book sold without a Taylor & Francis sticker on the cover are unauthorized and illegal.（本书封面贴有 Taylor & Francis 公司防伪标签，无标签者不得销售）

书　　　名	如何做讲座——从展示到教学（第二版） RUHE ZUO JIANGZUO
著作责任者	〔英〕凯特·艾斯里(Kate Exley)　〔英〕瑞格·德内克(Reg Dennick) 著 杨　勇　译
责 任 编 辑	巩佳佳
标 准 书 号	ISBN 978-7-301-29240-2
出 版 发 行	北京大学出版社
地　　　址	北京市海淀区成府路 205 号　100871
网　　　址	http://www.pup.cn　新浪微博：@北京大学出版社
电 子 信 箱	zyjy@pup.cn
电　　　话	邮购部 62752015　发行部 62750672　编辑部 62754934
印 刷 者	河北滦县鑫华书刊印刷厂
经 销 者	新华书店 650 毫米×980 毫米　16 开本　14 印张　245 千字 2018 年 4 月第 1 版　2018 年 4 月第 1 次印刷
定　　　价	38.00 元

未经许可，不得以任何方式复制或抄袭本书之部分或全部内容。
版权所有，侵权必究
举报电话：010-62752024　电子信箱：fd@pup.pku.edu.cn
图书如有印装质量问题，请与出版部联系，电话：010-62756370

译丛总序

　　1999年以来,随着我国高校的扩招,各高校的办学规模空前扩大,高校师资的短缺一时成为各高校面临的重要问题。为此,各高校引进了大量的青年教师。与此同时,一些老教师退出教学岗位,使教师队伍进一步年轻化,青年教师已经或即将成为各高校的主力军。1998年,我国普通高校专任教师总数为40.72万人,专任教师在所有教师中的比例占到了39.55%。到了2010年,我国普通高校专任教师总数为134.31万人,专任教师在所有教师中的比例占到了62.28%。可以看到,专任教师增加了93.59万人。在增加的这些专任教师中,大部分为35岁以下的青年教师。5—10年后,这一批青年教师将责无旁贷地挑起教学、科研和管理的重任,成为高校教师队伍的核心力量。一个学校未来几十年的发展,在很大程度上依赖于这一批人。所以,这一部分青年教师的培养和发展问题,是当前我国高校面临的一个现实问题,也是高校能否实现可持续发展的关键所在。

　　为深入贯彻落实《国家中长期教育改革和发展规划纲要(2010—2020年)》和《国务院关于加强教师队伍建设的意见》(国发〔2012〕41号),进一步加强高等学校青年教师队伍建设,教育部、中央组织部、中央宣传部、国家发展和改革委员会、财政部、人力资源和社会保障部等部门于2012年12月联合下发了《关于加强高等学校青年教师队伍建设的意见》(以下简称《意见》)。《意见》指出,高等学校青年教师是高校教师队伍的重要力量,关系着高校发展的未来,关系着人才培养的未来,关系着教育事业的未来。《意见》从提高青年教师思想政治素质和师德水平、健全青年教师选聘和人才储备机制、提升青年教师专业发展能力、完善优秀教师传帮带团队协作机制、造就青年学术英才和学科带头人、优化青年教师成长发展的制度环境、保障青年教师待遇和工作条件、加强青年教师队伍建设的组织领导等方面提出了加强高校青年教师队伍建设的措施。

21世纪以来,很多高校招聘教师的学历标准都是博士或硕士。在普通高校专任教师中,博士研究生和硕士研究生学历的比重由1997年的29%快速上升至2009年的47%,其中博士研究生学历增长了250%。这些充实到高校中的青年教师一般都具备非常深厚的学科专业知识,但是由于太过于钻研本学科知识,很少能够进行教师教育的课程学习,即便有些青年教师学习过教师教育课程,也未必接受过专门的教师职业技能训练,未必能够系统深入地进行教育实习。这使得青年教师进入高校后,在教学上会面临一些问题,不利于他们的发展。而且,随着高等教育的大众化,大学生的学习积极性和自觉性更需要通过青年教师良好的教学能力来得到激发。

对青年教师而言,教师职业生涯的头三年是他们适应工作的关键时期。较其他生涯阶段而言,初任教师面临的挑战更为严峻,产生的挫折感也更多。尤为重要的是,此阶段的经历,会深刻地影响教师今后的专业发展品质,并在很大程度上决定着他们的去留。一系列"现实的冲击"(Reality Shock)更是令处于转型过程中的初任教师不知所措。有关研究发现,由于教育现场与初任教师固有理念之间存在巨大差异,初任教师走上工作岗位之时往往会遭遇到转型的冲击,其中一些教师可能因无法适应而选择离开教学岗位。但也有研究指出,同是初任教师,却有9%~13%的调查对象无论在科研还是在教学方面都有良好的开端,成为"快速启动者"(Quick Starters)。因此,我国政府和高校应寻找有效的初任教师发展策略,帮助其顺利地实现角色转换并成功地开展职业生涯规划,使其成为快速启动者,并最终成为"人文情怀、基础厚实、爱生善教、终身发展"的优秀高校教师。

2013年9月起,作为提升上海市高校教师队伍质量的重要举措之一,上海市教委改变原有新教师入职培训由各高校自主实施的方式,采取统一领导、统一方案、统一要求、全市集中统一培训与学校自主培训相结合的方式,组织了为期三个多月的"上海市属高校新教师岗前培训活动",培训活动由作为专业教师教育机构的华东师范大学、上海师范大学分别组织实施,上海市属高校的所有新教师都要参加。这是上海市第一次大规模、长时间的高校新教师培训活动。在培训方式上,既有讲座、观摩,又有研讨、体验。该培训强调"做中学",要求每一位学员在导师的指导下,完成规范的课程实施大纲、授课教案、教学 PPT、学生评价方案,并且至少讲授一节公开课。导师组对每一位学员的每一个学习环节做出评价,并综合各学习环节的考核结果,选出 10%的优秀学员予以鼓励。整个培训以学员的教学实践大赛以及学员的大学教师专业发展论坛形式展示成果。在此次培训活动中,提高学员的教学能力是非常重要的一个环节。不过,尽管此次培训取得了较好的效果,但也有一些遗憾,比如缺乏相应的培训教材,特别是在教学能力方面。

在全球性的高等教育大众化、普及化的过程中,特别是 20 世纪 90 年代以来,高校教师教学能力发展也同样成为世界各国高校教师专业发展中的重要内容。一些发达国家,包括美国、英国、日本、澳大利亚、德国等国家都越来越重视高校教师教学能力的发展与提升。目前,国外学者对高校教学已有较多的研究,国内一些学者也已经翻译介绍了一些国外有关著作,如浙江师范大学徐辉教授主编了一套"国外大学教学与教改译丛"(浙江大学出版社,2005 年),涉及大学教学实践和教改研究的方方面面。北京大学出版社 2007 年出版的"北大高等教育文库·教学之道丛书",也翻译了关于大学教学的几本著作,如《如何成为卓越的大学教师》《理解教与学:高校教学策略》《对大学新教员的建议》等。但是,对于教学微观层面的操作,目前国内的相关研究(包括著作和译著)还较少,而微观层面的操作对高校教师的影响会更大。鉴于此,上海师范大学教师专业发展中心决定翻译出版"高校教师教学能力发展译丛"。经过精心挑选,中心首先选择出版《小组教学》(Small Group Teaching)、《课程大纲》(The Course Syllabus)、《如何做讲座》(Giving a Lecture)三本译著,以期能为我国高校教师提供可供操作和借鉴的具体办法。在未来,我们期望能以此为基础,撰写出具有特色的、实用性强的、适应我国高校教师培训的国内教材。

我们真诚地感谢"上海市高峰学科教育学"对本中心的资助,为我们的翻译工作和出版印刷提供了不可或缺的财政支持。我们还要感谢北京大学出版社,你们的大力支持使得本套译丛得以顺利出版,北大出版社各位编辑认真负责的态度令我们感动。

参与这些著作翻译工作的学者都为本中心的教师和博士生。由于我们学识粗浅,兼之时间较紧,因此,尽管我们付出了时间和心血,在翻译过程中仍会有些疏漏之处,恳请读者朋友批评指正。

　　最后,我们真诚希望,该译丛能为我国高校教师教学能力发展提供实际帮助,并使得他们实现良好的专业发展,从而提高我国的高等教育质量。

张民选

上海师范大学国际与比较教育研究院院长

上海师范大学前校长

如何做讲座

本书是在"高等教育有效教学关键指南系列丛书"盛名和成功的基础上出版的,将为刚入职的大学教师反思自己的教学实践提供良好的资源。本书在比较畅销的第一版的基础上做了改动,同时保留了没有什么术语的易读风格,解释了讲座的发展和基础性知识。本书在第一版的基础上主要做了如下改进:

- 新增了关于播客和电子授课的章节;
- 提供了更多有效使用幻灯片(PowerPoint)的内容;
- 提供了使用互动表决器来促进学生参与与学习的指南;
- 以问题为基础的课程中教师的角色;
- 拓展了有关多元/包容议题的内容;
- 更新了案例;
- 对推荐阅读和网络资源进行了更新。

本书主要面向高等院校的新任教师、教学助理、兼职教师、临床教学医生和其他对教学及职业发展感兴趣者,为他们提供做讲座的指导,让他们有信心和技能去面对讲座。

凯特·艾斯里(Kate Exley)是诺丁汉大学的教育和人力发展顾问及导师。

瑞格·德内克(Reg Dennick)是诺丁汉大学医学教育系主任助理。

高等教育有效教学关键指南系列丛书

凯特·艾斯里(Kate Exley)编辑

这个不可或缺系列丛书的目标对象是新任讲师、有教学课时的研究生、研究生助教、兼职教师等,也包括那些正重新审视自身教学技巧的资深教员。

该系列丛书将为高等院校的教师提供基于教学角色的不同方面的实践指导,它的基础不仅仅是该领域的目前研究,同样基于个体研究者的拓展经验,并密切关注所存在的局限和机会。通过为学术和实践搭桥,所有丛书都将提供教学和评估的原创指南,利用来自各学科的短小案例将其引入现实生活。该系列丛书将:

- 重现最新理念并恰如其分地整合计算机和信息技术;
- 在学习多样性增加、学生人数增长的大背景下考虑教学的方法和途径;
- 鼓励实践反思和自我评估,以及发展教学和评估技能的方式;
- 如有必要,提供该主题深入工作的链接和参考以及研究证据。

该系列丛书不管是用于自学还是作为高等教育教学正式计划的一部分,将被证实价值是极高的,同时也为继续教育中教学人员的工作提供帮助。

目　　录

前言 ································· I
致谢 ································· III
表格目录 ····························· IV

第一章　为什么要做讲座 ················ （1）
　　讲座的历史 ·························· （1）
　　讲座和一致性建构 ···················· （2）
　　学习风格 ···························· （4）
　　成本效益 ···························· （5）
　　传统讲座在哪些方面能够做得很好？ ···· （6）
　　在课程中做讲座的标准 ················ （6）
　　最终评论 ···························· （8）
　　不同学科的案例 ······················ （8）
　　扩展阅读 ··························· （10）
　　有用的网址 ························· （11）

第二章　准备讲座 ····················· （12）
　　导言 ······························· （12）
　　寻找相关情境 ······················· （14）
　　考虑内容 ··························· （15）
　　内容与结构的共同考虑 ··············· （16）
　　准备的过程 ························· （18）
　　合理利用接触时间 ··················· （19）
　　不是我的领域 ······················· （20）
　　总结 ······························· （21）

  不同学科的案例——你是如何准备的？ ………………………… (21)
  扩展阅读 …………………………………………………………… (25)

第三章　架构和排列讲座 ……………………………………………… (27)
  导言 ………………………………………………………………… (27)
  背景 ………………………………………………………………… (28)
  一个常见的背景 …………………………………………………… (31)
  内容 ………………………………………………………………… (32)
  结束 ………………………………………………………………… (41)
  不同学科的案例 …………………………………………………… (42)
  扩展阅读 …………………………………………………………… (43)

第四章　有效利用声音并展示一个自信的自我 ……………………… (44)
  导言 ………………………………………………………………… (44)
  在讲座中有效地利用你的声音 …………………………………… (44)
  说话的速度 ………………………………………………………… (45)
  口头语言 …………………………………………………………… (45)
  组织词语和句子 …………………………………………………… (46)
  照料好你的声音 …………………………………………………… (46)
  讲座时声音方面的常见问题 ……………………………………… (47)
  传播你的声音 ……………………………………………………… (48)
  寻找个人风格 ……………………………………………………… (49)
  留下良好的印象 …………………………………………………… (50)
  最后的思考 ………………………………………………………… (51)
  扩展阅读 …………………………………………………………… (52)

第五章　紧张、焦虑和纪律问题的处理 ……………………………… (53)
  导言 ………………………………………………………………… (53)
  紧张和焦虑 ………………………………………………………… (53)
  焦虑的原因 ………………………………………………………… (54)
  控制紧张的策略 …………………………………………………… (55)
  讲座之前 …………………………………………………………… (55)
  减轻压力 …………………………………………………………… (56)
  讲座前的时刻 ……………………………………………………… (57)
  不要忘记呼吸技巧 ………………………………………………… (57)
  放松技巧 …………………………………………………………… (58)
  渐进（肌肉）放松 ………………………………………………… (58)

最初五分钟 ………………………………………… (59)
　　如果你头脑空白 …………………………………… (60)
　　讲座变得更加容易 ………………………………… (60)
　　管理和纪律问题 …………………………………… (61)
　　政策和情境观点 …………………………………… (62)
　　后排聊天 …………………………………………… (63)
　　考虑你的选择：赞成或反对 ……………………… (63)
　　迟到者 ……………………………………………… (66)
　　提前考虑，避免问题 ……………………………… (66)
　　同情（共鸣） ……………………………………… (67)
　　出勤率较低 ………………………………………… (68)
　　最终评论 …………………………………………… (70)
　　扩展阅读 …………………………………………… (70)
第六章　直观地展示材料并运用好 PowerPoint ……… (71)
　　导言 ………………………………………………… (71)
　　直观教具的选择 …………………………………… (71)
　　在讲座中应用直观教具 …………………………… (72)
　　应用预先准备好的直观教具 ……………………… (74)
　　扩展阅读 …………………………………………… (90)
第七章　准备、使用讲稿和学习资源 ………………… (91)
　　导言 ………………………………………………… (91)
　　为什么要用讲稿？ ………………………………… (91)
　　作为信息提供者的讲稿 …………………………… (92)
　　用以支撑互动与主动学习的讲稿 ………………… (95)
　　提供高质量的讲稿 ………………………………… (98)
　　提供或下发讲稿的时机 …………………………… (99)
　　讲座前讲稿与下载 ………………………………… (100)
　　使用交互式讲稿的案例研究 ……………………… (101)
　　总结 ………………………………………………… (102)
　　扩展阅读 …………………………………………… (102)
第八章　讲座中的主动学习及互动表决器的使用 …… (103)
　　导言 ………………………………………………… (103)
　　交互式讲座有助学习吗？ ………………………… (105)
　　个人的选择 ………………………………………… (106)

为什么不？ ……………………………………………… (106)
我能做什么？ ……………………………………………… (107)
调整学生在讲座中所能听到的 ……………………… (108)
改变学生在讲座中所见 ………………………………… (108)
使学生个体在讲座中的行为多样化 ………………… (111)
丰富讲座中的两人活动或小组活动 ………………… (115)
在讲座中使用互动表决器 ……………………………… (118)
尼可和博伊尔的案例研究 ……………………………… (122)
总结 ……………………………………………………… (123)
不同学科的案例 ………………………………………… (124)
扩展阅读 ………………………………………………… (129)
有用的网址 ……………………………………………… (130)

第九章 播客与电子讲座 …………………………………… (131)

导言 ……………………………………………………… (131)
什么是播客？ …………………………………………… (131)
技术 ……………………………………………………… (132)
更多的术语 ……………………………………………… (133)
为什么要用播客授课？ ………………………………… (133)
当前需要考虑的一些重要议题 ………………………… (134)
制度系统的支持 ………………………………………… (135)
怎样运用播客 …………………………………………… (136)
不同的播客形式 ………………………………………… (137)
给你的讲座录音 ………………………………………… (137)
播客授课与学习之间的关系 …………………………… (140)
有了播客，学生还会来教室吗？及其他的担忧 …… (141)
来自学生的看法 ………………………………………… (142)
高等教育中的音频 ……………………………………… (142)
播客在学习中的深层次用途：方法探讨 ……………… (143)
电子讲座 ………………………………………………… (144)
经验交流——来自播客授课者的案例研究 ………… (146)
扩展阅读 ………………………………………………… (152)

第十章 满足不同学生的需求和应对学生多样性 ……… (153)

导言 ……………………………………………………… (153)

  多样化的学生 ……………………………………………… (155)
  讲座中的非英语国家学生 ………………………………… (162)
  扩大参与程度和包容性 …………………………………… (163)
  个人观点 …………………………………………………… (165)
  总结 ………………………………………………………… (168)
  扩展阅读 …………………………………………………… (169)
第十一章　如何评价教学以及如何提高自身教学 ………… (170)
  优秀讲座的评定标准 ……………………………………… (170)
  讲座评价 …………………………………………………… (172)
  讲座中常见的问题及其对策 ……………………………… (178)
  扩展阅读 …………………………………………………… (182)
  有用的网址 ………………………………………………… (182)
附录一　支持残疾学生——法律视角 ……………………… (184)
附录二　有关特定残疾及其支持组织的更多信息 ………… (187)
参考书目 ………………………………………………………… (188)
索引 ……………………………………………………………… (199)

前　　言

本套丛书

"高等教育有效教学关键指南"系列丛书始于2002年讨论得出的想法，2004年第一套四本专著就得以出版。其他一系列著作也不断增加到这套丛书中。出版这套丛书的主要目的是给大学和学院的新教师提供指导。我们很高兴地看到，该丛书也运用到了研究生证书项目、临床医学教师的培训、研究生教学助理技能培训等领域。这超出了我们的预期，对我们来说是意义非凡的。本丛书读者还包括一些富有经验的教师，他们深入地阅读了丛书，并反思自己的教学，还向作者进行了意见回馈，提出了进一步教学法和具体案例的相关建议。

本书新版本

《如何做讲座》第一版出版后，获得了读者的鼓励和好评。随着时间的推移，教学领域也在迅速地发展。讲座仍然是很多高等教育课程中的核心组成部分，而作为一种教学模式，讲座却一直都受到很多人的批评，甚至有些人提出要取消这种教学模式。本书作者完全不赞同这一观点，讲座正逐步发展为一种全新和有效的方式，不论是在面对面教学当中，还是在网络教学当中，讲座依旧能丰富学生的学习经历。播客、网络讲座、互动式手机、新展示媒体等工具的使用，让讲座焕发出新的生命。这也是在讲座中需要考虑的部分，并要求教师提升相应的技能。本版通过对第一版的内容进行修订，增加了一些新的主题，希望能为当代教师提供有益的参考。

本套丛书的主要目标

本套丛书期望能整合以下两个方面：一是具备实用性，提供许多教学案例、方法和技巧；二是把教育理论与基础研究联系起来。本套丛书参考了一些文章，为读者提供了扩展阅读，同时也给出书中所引用的该领域研究人员的相关研究信息。

本套丛书还一直和一些教学发展活动学科机构保持密切联系，并获得了英国全国优秀教学团体机构的支持，如高等教育专业学科中心（Higher Education Academy Subject Centres）和卓越教学中心（Centres for Excellence in Teaching and Learning，CETLs）。卓越教学中心曾为本书提供了很大的支持。事实上，高等教育专业学科中心和卓越教学中心也被本书作为进一步获得资源和信息，以及进一步参考和联系之处推荐给了读者。为了满足不同学科的需求，需要对教学方法进行调整，并向初任教师提供在他们的学习领域容易理解的实践案例，作者认为这点非常重要。因此，本套丛书提供了许多案例，这些案例分别来自不同类型的高校和不同学科。

本套丛书也考虑不同类型的主题，以及不同背景的学生，这些学生群体在年龄、经历、能力、文化背景、语言等方面可能情况各异。本套丛书还包括了问题讨论、当今时代对大学教师的要求、优秀教学实践的分享，在合适的地方也包括了立法导引。

本套丛书也关注到未来的发展：10 年或者 20 年后，讲座将会变成什么样？未来的讲座将如何评价教师和学生？学生的期望、政府政策、资金来源、新技术的发展、立法影响等对我们的学习空间和未来将产生哪些影响？您将看到，本套丛书中许多章节都包含了相关内容，以展望未来，开发教师的创新精神和创造能力，以便教师这个团体能更好地把握未来。

无论您是刚开始教学生涯的初任教师，还是教学经验丰富的资深教师，我们都真心地希望本套丛书对您有所启发或帮助。

丛书主编：凯特·艾斯里（Kate Exley）

致　　谢

本书作者真诚地感谢朋友、同事和家人的支持、帮助与鼓励。这本书特别适用于那些富有思想的人群，例如，近年来出席我们教学研讨会的教师。这里特别感谢来自伦敦经济学院的客座教师、医学临床医生，感谢诺丁汉大学、卡迪夫大学与斯旺西大学的初任教师们以及德蒙福特大学与纽卡斯尔大学的研究生们。

特别感谢我的同事，他们给出他们自己的观点，并从各个不同学科领域告之他们的授课方法。以下是我的感谢名单（限于篇幅还有很多人没有提及），他们包括丽兹·巴内特（Liz Barnett）、丽兹·索基特（Liz Sockett）、温·摩根（Wyn Morgan）、史坦·泰勒（Stan Taylor）、史蒂芬·格里菲斯（Stephen Griffiths）、保罗·弗朗西斯（Paul Francis）、大卫·博拉克（David Pollack）、彼得·梅耶（Peter Mayer）、保罗·钱（Paul Chin）、皮特·达维斯（Peter Davies）、吉尔·曼宁（Gill Manning）、亚伦·麦斯金（AaronMeskin）、乔尔·范斯坦（Joel Feinstein）、马丁·托尔斯（Martin Towers）、安德鲁·费希尔（Andrew Fisher）、保罗·克劳福德（Paul Crawford）和艾伦·琼斯（Allan Jones）。

真诚地感谢格拉斯哥大学的史蒂夫·德雷珀（Steve Draper）和斯特拉斯克莱德大学的大卫·尼克尔（David Nicol），非常感谢他们慷慨地分享在讲座中利用互动式手机的情况，以及运用这一技术对学生学习造成的影响方面的专业知识。

还衷心感谢劳特里奇（Routledge）出版社一直为我提供支持与帮助的莎拉·巴罗斯（Sarah Burrows），还有艾利克斯·夏普（Alex Sharp）和艾莉娜·斯梅斯洛娃（Alina Smyslova）。他们所掌握的写作与出版的知识，以及他们对作者不足之处的了解，使得他们给予我的帮助与建议弥足珍贵。

表 格 目 录

表 1.1　不同教学方法对不同学习结果的影响……………………（3）
表 2.1　教学情境中的关键问题 ……………………………………（13）
表 3.1　最终讲话——讲授者在最后阶段可能希望给出的
　　　　观点 ………………………………………………………（41）
表 5.1　常见的紧张征兆 ……………………………………………（54）
表 5.2　宾夕法尼亚大学有关正确呼吸技巧的指导材料 …………（58）
表 6.1　直观教具中图表使用情况的调查 …………………………（77）
表 6.2　PowerPoint 的常用操作及其快捷键 ………………………（86）
表 8.1　将主动学习引入讲座后,常见的挑战和可行的回应 …（106）
表 8.2　在讲座中使用演示法………………………………………（110）
表 8.3　讲座中学生可以承担的任务………………………………（112）
表 8.4　使用交互式讲稿的学生可以进行的学习活动……………（115）
表 8.5　同伴教学和全班讨论的系列活动…………………………（123）
表 9.1　使用播客的六个步骤………………………………………（136）
表 9.2　通过播客来支撑一系列的学习要求………………………（140）
表 10.1　澳大利亚新南威尔士大学教师面向残疾学生"实践准则"中
　　　　所要求的做法和策略………………………………………（156）
表 10.2　加利福尼亚大学洛杉矶分校残疾学生办公室之共同
　　　　声明 ………………………………………………………（159）

第一章 为什么要做讲座

讲座的历史

讲座,就是专业人士在讲学大厅内给几百名学生上课,这是一种标准的专业教学模式。这些专业人士在英国被称为讲师。讲座这一专业术语来自于拉丁语的"lectare",单词的原意为大声朗读。讲座具体的起源可以追溯到几百年前。欧洲的修道院还没有使用印刷术的时候,学者们想要获得书本上一些具体内容的时候,他们需要步行很远去有藏书的地方,僧侣在藏经楼的诵经台上大声朗读书本,然后学者们一字一句地把听到的内容记录下来。至今还改变不大的一个奇迹,就是在如今的高等教育中,抄写讲授者的笔记仍然是讲座的主要功能之一。

讲座就是把讲授者的笔记转移成学生的笔记,中途也不需要通过大脑。
(Anon)

传统意义上,学生认为讲座是令人厌倦的,是从讲授者口中传出的单调的知识,缺少智力激励。

大部分人在十分钟之内对讲座就感到厌倦,聪明的人大概在五分钟之内,而明智的人从不去听讲座。
(Stephen Leacock in Sherin,1995:104)

讲座通常被认为是"消极学习"的例子,只有那些积极的学生才会聆听并做笔记。讲座通常被描述为"说教",被认为是"有目的的教学",来自希腊语的"didaskein",为"教导"之意。然而,近年来"积极学习"方法已被引入,并且在高等教育中变得逐渐流行,这反映出教育研究和认知心理学对学习过程有巨大影响(Brown,2004)。积极学习包含讨论、质疑、解决问题和其他一些形式的互动,被证明能促进更深入的学习。另外,大班的讲座也逐渐向小班化教学转变。在很多领域,人们开始采用自我引导学习和以问题为基础的学习方式。然而,这些转变也给传统的讲授者带来挑战。这意味着讲授者要获得广泛的教学技能,要在学习方法上具备足够能力。讲授者不再是"讲台上的圣人",而成为"身旁的引导者"(Exley and Dennick,2004)。

随着接受高等教育学生人数的增加,许多高校为了保障科研成果的产出,尽量减少师生上课互动时间,因而近几年讲座和其他一些大班上课形式也有所增长。如何缓和学生人数增长和保障科研产出二者之间的矛盾?如何使传统的被动教学方式能更加积极地促进深层次的学习?本书阐述了各种不同类型的学习活动,可以应用于讲座之中,改变被称为"消极的"千篇一律的学习方式。另外,从传统讲座形式进化来的电子讲座策略也将在本书中加以讨论。

当然,我们也不能忽视"讲台上的圣人"这一事实,讲授者作为楷模仍然具有较强的影响力。正如伯根指出的,当学生看到优秀学习者学到讲授者所教时,他们也能从中获益(Burgan,2006)。这些专家型讲授者用他们的激情讲解最新知识和最前沿的重要概念,展示他们的聪明才智,捕获和激励听众的思维。与他们一起对学习进行探究,这本身对所有学生也是一种价值不菲的学习经历。

讲座和一致性建构

一致性建构(Constructive Alignment)这个概念(Biggs,1999b)认为,课程应该是通过一系列适当的学习经历,使学生获得一套设计好的学习结果,当学习发生的时候,一系列合理有效的评价方式也可以在当中发挥作用,全过程都由质量保证体系评价,如果有必要,该过程可以做出修改。

在学习过程中,教学者要在不同类型的学习方法中寻求合适的方法,以达到平衡。不同的教和学的方法可以导致学习结果的差异。学习结果可以从很多方面进行分类。其中一种方法就是将布鲁姆分类法用于认知领域(如图1.1所示)。

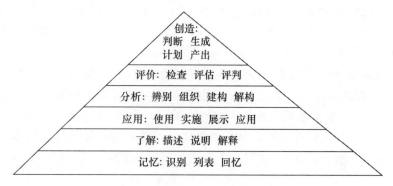

图1.1 布鲁姆分类法在认知领域的运用

另一个简单的分类方法就是把学习结果分成以下三类:
- 对事实和概念的理解;
- 应用和使用;
- 问题解决和评价。

接下来的问题是,在高等教育领域如何选择合适的教与学的方法,来获得最佳的教学结果。表1.1给出了不同教学方法对上述三种学习结果的影响。

表1.1 不同教学方法对不同学习结果的影响

	对事实和概念的理解	应用和使用	问题解决和评价
讲座	+++	+	+
小组教学	+	+++	+++
自我主导学习	+++	+++	+++
实习	+	+++	++
电脑辅助教学/网络	++	+	+
以问题为基础的学习	++	++	+++
实验性学习	++	+++	+++

有些讲授者也许会争论,在讲座中也可以培养并提高学生应用和使用、解决问题和评价的能力。我们并不怀疑在传统的讲座中,学生能观察到讲授者运用知识和解决问题的过程,甚至可以从思维上参与

整个过程,所以他们在认知方面肯定学有所获。但是,在教学过程中教授的知识应用和解决问题与学生自身应用知识和解决问题还是有相当大的不同的,这些能力在小班授课的环境中能更好地获得发展。

传统的讲座方式,是获取事实性的信息和概念性理解的最好选择。如果讲座中也可以创造一个良好的氛围,在讲座中学生参与各项获得和学习任务的互动,这样有可能在讲座中让学生获得许多高层次的认知并促进其技能的发展。

因此,一致性建构认为,课程设计中采取何种类型的学习方法和模式,应该根据学生在课程中的表现和学习结果来进行选择。很显然,核心的事实和概念性知识在传统模式的讲座中学习效果更好,而高级的认知可能在小班教学或者在部分互动式讲座中更容易被学生习得。这也告诉我们,在课程中首先应该考虑的是,核心的事实和概念性知识应该占有相应的比例。现代课程,特别是科学和技术方面的学科存在的一个问题,就是注重知识总量的增加,这通常表现为大量的事实、观点和概念等都不断增加到不断扩大的课程内容中,但这种增加不可能是无限制的。所以在安排课程内容的时候要选择那些核心概念,这也将影响到需要进行多少次讲座。

学习风格

课程设计者在讲座中也应该考虑到,在平衡各种教学法的时候,需要考虑到个人的学习风格。大量的心理测量结果表明,不同学习者的学习方法各异。例如,亨利和芒福德(Honey and Mumford,1982)认为学习者的学习风格大概可以分为以下四类:积极学习,反思型学习,理论型学习和实用主义学习。这四类学习风格刚好和大卫·库伯(David Kolb,1984)提出的实践学习的四个循环相类似:具体实践、观察和反思、形成抽象概念、在新情景中测试并提示下次最佳学习行为方式的选择。在学习中,积极学习者喜欢在学习情景中允许他们在做中学;而实用主义学习者更倾向于把他们的所学应用于实际问题中。需要注意的是,讲授者不需要在学生身上贴上某类学习者的标签,因为学生的学习风格很大程度上也受到学习内容的影响,学习者在学习过程中都受到他们学习偏好的挑战和磨炼。

众所周知,20世纪凯瑟琳·布里格斯和伊莎贝尔·迈尔斯提出的人格分类系统,是在《心理分类》(*Psychological Types*)(Jung and Baynes,1971)的基础上建立起来的。Myers-Briggs人格分类指标分为比较复杂的16种类型(Myers and Briggs,2002)。大卫·科赛提炼、发展了Myers-Briggs术语,并提出科赛人格气质量表(Keirsey,1998)。在量表中,人格气质分为四个维度,它们分别为:外发性和内省性、直觉性和感觉性、对事性和对人性、决断性和不决性。这些不同的测试指标告诉我们,在广大的学生当中存在不同的学习风格和不同的人格类型,因此,在不同的学习环境中,学生的学习效果也存在很大差异。基于这一观点,在做讲座的过程中,讲授者应该提供不同的学习情境,这样可以让那些具有不同学习风格的学生有机会找到适合他们的学习方式。

成本效益

通常认为,讲座是教学成本效益最大的方式,一场讲座可以在讲学大厅教授几百名学生。然而,对某个主题的讲述(讲授者所教的内容),与学生通过学习获得的信息量,这两者之间有巨大的概念性差异。如果讲授者教的内容学生都学会了,才是真正获得了最大的成本效益。但情况并不一定如此,事实表明,讲座中只有10%的内容被学生记录下来,只有少部分高效的学习者能保持短期记忆,能保持长期记忆的人更是少数(Johnstone and Su,1994)。另外,根据之前的论述,在传统的讲座中,学生获得事实和概念性的知识容易,而比较难以习得较高层次的认知。

成本效益的争论通常局限在传统的、被动的和说教式的讲座中。在那些互动式讲座中,鼓励学生积极参与到讲座内容中,可能会有更佳的效果。

传统讲座在哪些方面能够做得很好？

在斯塔福德郡大学科学院给教师的关于教学的建议中，总结出传统讲座的优势所在，给出做讲座的五大原因。

- 讲座就某一主题互动沟通。这是做讲座最好的原因之一，也是个人独立学习所不具备的特征。
- 讲解内容的结构或框架的设计。讲座一般要对某一主题的材料经过精心设计，这样才能让学生很好地理解主题。其有可取之处也有许多原因，你可以来回强调某一观点（可能是你自己的观点），提出对学生思想可能产生影响的某个议题，联系课程中相关联的话题，探究某一个中心想法的实际应用，等等。
- 调整材料来满足学生的需求。相关的经验告诉我们，课本上的内容可能没有足够的深度，或者和听众的水平有差异。在这种情况下，讲授者可以帮助学生"部分消化"内容，这样学生能更好地利用书本和其他资源来扩展他们的学习。当然，也有一种可能就是讲授者想讲述的全部信息并不能通过某一扩展资源全部获得。
- 提供最新的学科动态。不论多么优秀的教科书或其他教学材料，它们都不可能随时更新，而有些内容不可能是一成不变的。所以，讲座中讲授者应该给学生提供最新的研究动态，当中也可以包括讲授者最近的研究工作，或者最新的研究想法，这些都是很好的材料。
- 其他教学方式不可行。这种情况通常是拥有大量学生的时候，这个时候，大型的讲座比给小班重复上课效益要高很多。当然，有些还可能是在教学法方面不适合别的教学方法。

（斯塔福德郡大学的教与学网页）

在课程中做讲座的标准

前面讲到，一般的讲座应该集中在课程的某一个领域，而且应该在一些特定条件下才可以进行，一些最重要的条件将在下面列出并做出解释。

清晰的概述

- 讲座应该是重点知识领域的总览,讲座应该由某一知识领域的专家来做,他们对讲解内容熟悉并知道哪些地方容易被误解。
- 讲授者应该精心考虑、设计好讲座内容,确保讲座内容有用并与课程目标相关。
- 讲座能提供一些附加的价值,能用简单解释来阐述复杂的概念,而不只是局限于一般课本上的陈述。
- 讲授者应该了解学生的层次和水平,能根据学生的情况来调整讲座内容并进行合适的说明。

控制事实内容

- 讲座内容应该严格控制,并和课程目标相一致。
- 讲座应该聚焦在核心主题、中心内容和有争论的内容上,对大量的细节事实、大量和晦涩的案例都应尽量限制。
- 必要的时候,可以在讲义材料中提供推荐阅读材料。
- 讲授者不需要对所有的内容都进行讲解。

讲授者富有学问和激情

- 讲授者在讲述和表达技巧方面应该有些基础的训练,能够使用各种声音和试听设备。
- 讲授者应该能够组织和安排讲座并且有很好的时间管理意识。
- 讲授者应该展示对主题的热情,能通过各种有趣和激情的讲解与听众进行沟通和互动。

最终评论

总而言之,是否选择做讲座,取决于要达到什么样的目标。如果主要是为了传播事实和信息,那么传统的、解说型的讲座模式是最有效的。当然,和那些参与性更强的学习形式相比,传统的讲座模式在学生的反馈、提问、问题解决能力和高层次认知技能等方面都存在差距(Bligh,2006)。传统的讲座如果由那些博学的、准备翔实的和那些富有激情的讲授者来做,学生也会受益匪浅。因为在这种讲座中,讲授者能把相关知识清晰地表述出来,合理安排内容,这样可以促进学习者理解最复杂的争论和解释。成功的讲座要求讲授者会使用各种视听教学资源,这也是新入职教师需要学习的技能。本书的前几章从实践和理论方面讨论如何提高讲座中的讲学能力,重点可以参考第二、第四和第五章。

如果使用"积极学习法"(Active Learning)策略,可以使讲座的范围得以扩展。在讲授者和学生之间,讲授者要鼓励学生参与到讲授内容的互动中。如何鼓励学生更大程度地参与在本书中都有论述,特别是第六、第七和第八章。

讲座这一形式仍然是绝大多数大学课程授课的最重要的方式,随着学生人数的增加更是如此。布莱和其他专家都认识到,讲座在开发学生的学习潜力上还有巨大空间,教学模式的交叉和多元化,使更多的交互式和推理性教学融入讲座之中,使讲座这一模式能在更大程度上开发学生的学习潜能。

不同学科的案例

不同学科的讲座各有特色。根据课程的频率、状态、顺序等不同,讲座的角色和目的有所不同。在下面的一些案例中,我们可以看到讲授者在他们的教学中是如何做讲座的,以及他们的角色是如何变化和发展的。

心理学讲座

我一直都渴望在讲座中能增加学生的参与度,为了达到这个目标,在开始时,我先讲述一些引领性的材料,主要包括讲座覆盖的主题、关键性研究、相关理论以及评价方式等。之后我将整个班级分成若干个小组,一般是 10 个小组,每组 10 个人左右,我把讲述单元的内容也分成 10 个模块,刚好一个小组可以对应一个模块,让每个小组负责一个模块。

(Paul Sanders 博士)

"当代艺术"讲座

我们探讨了修订讲座本身的可能性,我和客座讲师一起来设计讲座之前的谈话部分(Talking head)。我们认识到,在讲座中两个人在一起可以把一个人的独角戏变成我们之间的对话以及与听众之间的互动,其他的人可以加入进一步阐明、对假设的质疑、阅读文本、总结辩论等活动,甚至可以直接对讲授者提出挑战。

(Haseman,in Edwards et al.,2001:Chapter 7)

地理讲座中的积极总结

在一场新讲座开始的时候,讲授者总结之前所讲的内容是良好的习惯,这样的话,在新讲座当中,之前内容对所讲内容也具有参考作用,同时可以让学生回忆之前的核心内容和观点。讲座开始的时候,学生可以根据他们所理解的情况进行讨论,或者带领学生复习一下之前的活动(学生也可以在讲座之前自己复习),这些都能激发学生的学习兴趣。可以将所有学生分为 4～8 组,每组要提前准备好复习的相关文字材料(大概一张纸),在讲座开始的时候,每组选出一个代表对之前的讲座做大概三分钟的总述,接下来可以用三分钟时间进行小组讨论,最后,学生要把做了注解的文字材料上交给讲授者。

(Clive Agnew,地理环境,地球科学学科中心)

历史讲座设计中的瓶颈

课程设计的时候有些想法受限,这包括既不能增加课堂时间,也不能增加讲座的次数。要让讲座达到满意和需要达到的目标,我们需要用超过讲座本身所用时间的时间去准备讲座。讲授者需要学习教育学和其他学科知识,结合课程设计的建议、模块和指导意见等,在大型讲座中多使用互动教学等方法。讲座仍然是主要的教学法之一,约占据师生接触中的50%。

(Barker et al., 2000)

如果想了解更多关于本章话题的内容,或者想得到更多切实可行的或技术性的建议,下面我们提供了少量的阅读书目,从中可以找到一些有用的信息。本书后面还有更详细的参考书目。

[1] Biggs, J. (1999) 'Enriching large-class teaching', in *Teaching for Quality Learning at University*. Buckingham: Society for Research into Higher Education and Open University Press.

[2] Bligh, D. (2006) *What's the Use of Lectures*? 5th edition. Bristol: Intellect.

[3] Burgan, Mary (2006) 'In defense of lecturing', *Change*, November/December 2006.

[4] Coffield, F., Moseley, D., Hall, E. and Ecclestone, K. (2004) *Should we be Using Learning Styles? What Research Has to Say to Practice*. London: LSDA.

[5] Exley, K. and Dennick, R. G. (2004) *Small Group Teaching: Tutorials, Seminars and Beyond*. London: RoutledgeFalmer.

[6] Horgan, J. (1999) 'Lecturing for learning', in H. Fry, S. Ketteridge and S. Marshall (eds), *A Handbook for Teaching and*

Learning in Higher Education: EnhancingAcademic Practice. London: Kogan Page.

[7] Light, G. and Cox, R. (2001) *Learning and Teaching in Higher Education: The Reflective Professional*. London: Paul Chapman Publishing.

有用的网址

1. https://www.gla.ac.uk/myglasgow/leads
2. http://keirsey.com/
3. http://www.staffs.ac.uk/schools/sciences/learning_and_teaching/LTMlect.htm

第二章 准备讲座

导言

很少有讲授者之前从来没有接触过教学，便来组织、设计和教授一门课程或者一个单元的。通常情况下，教学助理或者研究生们在正式教学之前会被安排进行一些讲座实习。临床医师或其他一些专业人士或者专家通常也是以客座讲师的身份来授课，或者只在相关专业方面做讲座。本章是把"开设课程"作为起点，如果是课程设计方面请参考布彻的书籍(Butcher et al.,2006)。

典型的开端

好，乔(Joe)，上个月我们谈到，在你读博士后期间如果能够有讲座授课的经历，那么能丰富你的个人简历。这个学期我计划给大三的学生做关于真菌遗传学方面的讲座，你是否有兴趣加入呢？学生不错，而且这正好也是你的研究领域。

这对那些刚入行的讲授者来讲，可能是最常见的做讲座的开端。他(乔)首先的反应可能是："对真菌遗传学我是否了解得足够多呢？"对讲座的相关材料和内容感到自信显然是相当重要的，但这不是需要考虑的唯一方面。很多情况下，讲授者往往已经对主题有了很深入的了解，他们可能只需要在目前已有的知识基础上更新最新进展，或者只是增加一些细节和案例。他们能被邀请去做讲座,主要是因为他们对这个领域感兴趣且在这个方面比较专业。

相关的挑战可能更多地来自于如何把相关知识在课程中联系起来,如何把相关想法和信息讲解出来让学生学习。表2.1给出一系列问题,有助于讲授者了解更多关于教学情境的知识,讲授者也需要知道如何去解决这些问题。

表 2.1　教学情境中的关键问题

1. 与课程相关的讲座
   - 讲座如何和课程(单元)结构相适合
   - 为什么讲座的模式要和学习目标相适合
   - 还有其他哪些教学模式可以应用到课程中
   - 课程是如何进行评价的
2. 讲座中的学生
   - 学生已经了解了哪些知识
   - 学生期望从讲座中获得什么
   - 学生在研讨会、阅读书目等方面是如何学习的
   - 如何调动学生的学习积极性?如何进行评价?应该教给学生一些什么样的内容
3. 讲授的内容
   - 通过这次讲座学生应达到什么样的学习效果
   - 选择材料(如阅读书目、案例等)方面的灵活度有多大
   - 与讲座之前相比,讲座之后马上会有什么变化
   - 讲座内容是否和其他教学方式(如研讨班、实验课和解决问题课)有直接联系

从根本上讲,在准备讲座和做讲座的过程中,主要有以下四个方面的因素应该加以考虑。

- 内容。讲授者对要讲述的材料和理念是否有足够的信心和激情?
- 听众。学生对相关知识已经了解多少?他们的兴趣何在?以及他们想从讲座中得到或者学到什么?如何对学生就讲座内容进行评价?有多少学生来听讲座?
- 讲座目标。讲授者希望沟通些什么?学习重点是什么?学习的目标和学习结果是什么?主题是什么?讲授者想通过什么方式与讲座主题相联系?
- 学习环境。讲座大厅(教室)是怎么样的?里面能提供什么样的设施和设备?讲授者是否有足够的能力使用这些设备,是否对讲座

环境可能出现的障碍有所了解？如果了解，是否能做点什么使这些可能的障碍最小化？

寻找相关情境

较好的讲座背景材料的资料来源通常是相关的课程文献，如单元手册、课程描述和经确认文献等材料。这些材料通常清晰地描述了课程的学习目标和学习成果，文献通常也大致列出课程学习和评价方法。具体课程文献［Programme specification documents（QAA，2000）］会列出所有学生所需要学习课程的目标，只有完成这些目标，学生才能获得相应的学位或者证书。了解这些可以帮助讲授者从更大的范围来看学生的学习，也能使他们更好地理解做什么样的讲座才会更有效。

讲授者可以与课程召集人或课程教学负责成员进行沟通，他们会提供所有学生的情况和学生的水平，以及他们之前的教学经验；也可以咨询上一学年教授相应内容的人，他们有可能能提供上一学年的讲座记录（事实上，这样的笔记有可能在上一年已经以电子稿的形式发给了学生）。

课程领导者（设计者）是能向讲授者提供最佳引导的人，他们会告诉讲授者如何灵活地处理内容以及和其他教学方式之间的连接（如相关学术研讨会）；课程的哲学是什么；采取什么方式把各个元素相连接；通过课程，一些想法和信息会带来什么样的结果等问题。

从学生的角度来看课程，对讲授者也有很大的帮助。通过看学生的阅读书目、讲义材料和在线资源等，讲授者可以在大脑里有个初步的学生经历的图像；也可以去听听之前的讲座，或者和一小群学生谈谈他们目前课程的一些任务。

> **寻找学习情境：核对表**
> - 你是否了解你所做的讲座的学习目标和学习结果？
> - 你是否能澄清你所做的讲座的教学目标以及你做讲座的原因？

> - 你对你的学生了解程度如何？你是否知道不同之间的多元性，学生不同的背景、他们的能力以及他们在学习方式方面的偏好？
> - 你是否知道学生对学科知识掌握程度如何？以及在其他（如研讨会）方面，学生已经学过了哪些材料？
> - 你是否与课程或学科的领导者进行过沟通？如果沟通过，你就能了解当前的主题以及蕴含在课程中的哲学和意识形态。
> - 你是否大致浏览了提供或推荐给学生的课程学习资源（包括网络资源）？
> - 你是否知道如何根据自己的意图提供材料？在何时以及采取何种方式对学生进行测试？

如何对学生进行评价呢？许多鼓励学生的策略都聚焦在课程的总结性评价中。学生是否还有在进行的课程，对他们的评价方式可能对他们能否接受讲座有一定的影响。最终考试是什么样的形式？如果评价的方式侧重于测试学生理解和传达事实和信息，学生会使用某种标准来评判这次讲座的价值。如果考试侧重于问题解决能力和想法的阐释，这样也会引导学生在讲座中注重这些能力的培养。如果可能的话，查看之前的考试试卷，查看可能的问题，这些对这次讲座的评价会有所帮助。

考虑内容

这部分的目标期望告诉新教师，在他们掌握绝大部分材料之后还需要考虑该怎么讲述。如果用三天时间来研究讲座并准备了大量的内容，当讲完所准备的内容需要花费过多的时间（如需用 50 分钟）时，又需要花费大量时间去削减内容。这就是大多数新教师常会遇到的问题——准备了太多的内容去讲述从而导致超时。

新教师不可能每一场讲座都只用三天时间去准备。因此，管理者在考虑对教师工作量管理的时候,更需要注重讲座的准备,特别是对讲座主题的研究。新教师觉得讲座应该经过充分准备,如果不能回答讲座过程中每个可能的问题的话,他们可能会有点难过。当然,准备充分无疑是好事,教师也不是圣人,对于新教师,不能完全忽略他们的能力、理解力和知识基础。

新教师最容易犯的错误就是花太多时间去准备讲座的材料,而并非考虑给学生提供一些必要内容以及架构让学生去思考,新教师总是试图什么都覆盖到。许多讲授者公开承认,讲座太过准备,大量的材料需要讲解往往会导致讲座的时间过于急促,超过自己的水平去要求完美,并不一定能使学生受益。

(Ronkowkski, 2006, based on work by Boice, 2000)

内容与结构的共同考虑

当构思如何做讲座的时候,讲授者拟定课程内容框架将对讲座规划很有帮助。讲授者应该研究内容、组织内容,准备讲座笔记,制作视听材料等学习资源,预演后再正式做讲座,这些都是建议,也都非常简单。安排讲座的结构和挑选合适的内容通常需要一起考虑,因为两者互相影响。

如果你要为你所在大学的学生在下周做一堂以"安全"为主题的讲座,讲座时间为50分钟,对象为大一本科生,介绍型的水平,下面可能是你首先需要考虑的一些重点内容。

花十来分钟时间写下讲座主题的下级目录,这样能帮助你从不同方面进行思考,也能帮你更好地组织和架构相关信息。想想该从哪里开始,如何吸引大家的注意力。这样有可能让你思考:学生已经掌握了什么以及在讲座之后他们需要学习到什么。考虑一下如何向下过渡,哪些是学生需要优先考虑和注意的重点信息,在规定的时间内能完成多少主题,哪些主题可以组合在一起进行讲解,哪些主题需要重点讲解。记住,太多的细节和主题会影响学生的学习(Russel et al., 1984)。

学习不只是记忆一些基本事实,而是不断提高利用资源去寻找、评估和使用信息的能力……学习很明显是信息的主动处理过程,而不是被动地接受信息。因此，学生必须自己去建构对概念、关系和过程的理解，讲授者可以考虑信息的种类、组织以及教学的策略，促进学生的学习过程。确切地讲，讲授者应该减少学生需要记忆的事实信息的总量。

(Lujan and DiCarlo, 2006)

观察得出，大多数新教师在第二次做讲座的时候，通常会设法减少讲座的核心材料。

> **关键技巧**
> 列出你认为在讲座中需要讲述的所有内容，然后挑选出一半，另外一半内容作为学生进一步学习的建议。例如，可以作为推荐阅读材料，或者作为在线学习资源通过虚拟学习环境提供给学生。

在同样的材料上，处理内容和结构的内在关系的方式不同，会产生完全不同的讲座。比如在以安全为主题的讲座中，讲授者可以先讲述法律和学校规章制度，之后提供对健康和安全负有特别责任的人员清单，最后讲述对本地紧急情况的处理步骤。同样，讲授者也可以以提问的方式开始讲座。"现在在讲座大厅里，可能有多少种风险出现？""在大学期间学化学的时候要面临哪些可能的危险？"接着讲解如何避免、管控和面对可能发生的危险情况。最后讲解大学里面哪些人能给学校提供帮助，以及特定事件上相关的法律和规章制度。

虽然上述两场讲座讲述的重点相同，使用的文献和资源也相同，但是学生会体验这是差异很大的两场讲座。

巴巴拉·格罗斯·戴维斯建议，区分必要讲述的知识和选择性讲解内容对讲座十分有帮助，可以把要讲的概念或者主题分为三个部分：每个学生都需要掌握的基础性知识，学习良好的学生应掌握的推荐性知识，具有特殊兴趣和才能的学生可选的选修内容。讲座和考试的重点应该集中于课程的基础知识，只为部分学生提供推荐和选择性的内容（可以包含于讲座、补充材料和阅读材料中）。

(Barbara Gross Davis)

准备的过程

那些熟练的、有经验的讲授者都用他们自己的方式来书写和准备讲座,但是没有完全一样的唯一正确的路径和直线型方法。然而,一些建议在准备讲座的时候还是有帮助的。

准备讲座:个人的方法

以下提供有关准备讲座的一些方法,是来自于乔治·布朗的经历和建议(Brown and Atkins,1988;Brown and Manogue,2001)。

- 在阅读介绍性文章、通过回顾上一场讲座来巩固记忆、帮助学生确认课程的重要章节和支目录的时候,这些活动所花费的时间都最好不要超过半个小时。
- 拟定讲座的主题。用图标或者列表对同一主题的话题或者观点进行分类,考虑好如何安排材料的顺序、不同观点的链接和它们之间的内在联系。
- 思考你所期望的学生应达到的学习效果,在学生听完讲座走出讲座大厅的时候,相比之前他们应获得什么样的能力。
- 安排好讲座的结构(参考第三章),计算好每一个子目录的讲解需要花费的时间。考虑学生的注意力,计划并安排好学生参与学习体验的各种活动,最好拟定一份讲座的草稿,包含讲座的大概时间和准备使用的相关资源的记录等。
- 列出一份清单,里面包括讲座和研究中要包含的知识的具体细节和不足之处,以及需要寻找的相关信息,但千万别停滞在过多的细节性信息上。收集一些相关的说明性案例。重新审视并检查是否要对讲座的顺序做出修改,如你是否忘记某些主要话题等。
- 通过准备讲座笔记、学习资源、视听材料和网络资源等来建构你的讲座。
- 寻找吸引注意力之处,在案例、个人奇闻逸事、研究数据等处寻找吸引学生注意力的抓手。
- 安排好学生的活动和学习任务,如提问、问题解决和小组讨论

(参考第八章)等细节。考虑上述活动大概需要的时间,考虑做讲座的方式,需要学生做些什么,为什么需要他们那样做,如何获得反馈等。

- 最终确定讲座安排表和讲座笔记,准备开始讲座。
- 如何来评价你的讲座表现和你的效率？(见第十一章)

一旦有过一到两次的讲座经历,讲授者就可以在讲座笔记里记录不同的讲座模式的实践。这些笔记是记录如何做讲座的印记(不是给学生提供的印刷品等材料),还有个人的爱好。另外,有些讲座记录模式可能更适合某一特定学科。

下面是如何做记录的一些介绍。

- 讲座大纲。这对讲座的组织、整体框架的搭建、主要观点的支撑等都有很大帮助。准备幻灯片等,以便打印讲座的纲要,并可以按照不同的需求进行分类标注。
- 列出清单,书写好各个主题和主要观点的讲解步骤,以便只要浏览一下重点,就知道主要观点和话题。但是,这要建立在讲授者已经对材料相对熟悉的程度上。
- 流程图和树形图可以显示出在核心材料讲述时的选择性停顿、话题的转移、有效的图解和案例等,这样灵活性更强,讲授者也能随时做出反应。
- 步骤指示中,不应该只包括说些什么,还应该告诉如何去阐述。相关的笔记应该包括讲授步骤,还应该包含暂停、设置任务和问题、不同视听设备的转换等方面的提醒。
- 把笔记分成核心笔记和选择性笔记两栏,左栏(核心栏)要比右栏(选择栏)更加宽敞,必须讲解的内容放在左栏,选择性的材料放在右栏。大概的时间表写在页码的边缘,这样,讲授者在做讲座的时候可以大概地评估时间,不管是否有时间来讲解选择性材料,这种方法更显灵活,也不至于破坏讲座的整体架构。

合理利用接触时间

根据20世纪70年代的研究,学生在讲座中的注意力维持时间平均大概为20分钟左右(Johnstone and Percival,1976;Stuart and Rutherford,1978)。然而,越来越多的证据以及很多讲授者的经验表明,在如今的讲座中,学生的注意力能持续 20 分钟属高估。因此,在理想状态的讲座准备中,讲授者应把输入性讲座按照 10~15 分钟为单位分成若干个模块,中间可以安排暂停、个人或者小组讨论等学习活动。

讲座开始 5 分钟左右,学生在教室逐渐安静下来且讲座开始进入主题。在回顾上次所讲的内容之后,学生会给自己设定今天的学习目标。讲授者可以通过列出所讲主题的大纲或与之前讲座内容联系等方式来帮助学生达到他们设定的目标。讲授者如能告知学生他将要使用的理论性框架和讲座的架构,不管是口头的还是打印材料,对学生学习都大有裨益。

大多数讲授者都发现,学生在前半段时间的注意力比后半段时间里更加集中,因此,在讲座中,把比较复杂的问题和难点放在前半场进行讲解效果会更好(更多信息可以参照第三章)。

不是我的领域

有些情况下,新教师被要求做一些讲座,但是内容不是他们所研究的主要领域,大部分新教师都趋向于花大量的时间去研究这个主题以获得自信。如果在对主题什么都不了解的情况下,新教师被要求去做讲座,和直接花时间去进行研究相比,和一些相关人士谈话也十分有效。例如,和这个领域的专家谈话能帮助新教师确定讲座所涉领域中最重要的一些观点,能帮助他们进一步阅读和研究,避免浪费太多的准备时间。

在这种情况下,新教师的额外工作,通常可以使他们做出更好的讲座。这可能是因为他们能够从学生的角度来看一个学科。当你对一个学科非常了解的时候,如你的研究领域,你很难记得之前你对这个学科的难于理解之处,也很难向学生强调这个领域的重点,因而也比较难于合理地确定讲座的难易程度。

> **关键技巧**
> 浏览课本中的章节标题或评论文章的主题和标题,确保在讲座中包括最重要的议题或主题。

总结

在准备讲座的时候,需要有较好的策略,要控制好时间。在准备讲座时,准备所需的相关阅读和研究材料都相对容易,可以远远超过讲座所需。本章讲了一系列的方法来合理和高效地准备讲座。然而,每个讲授者的处理方式都略有差异。一个有效的办法就是记录自己在讲座中所花的时间,以及在准备下次讲座时看看自己是怎么利用这些时间的。这对新教师具有指导作用,能帮助他们找到最适合自己的方法,并提高他们的时间管理策略。

不同学科的案例——你是如何准备的?

准备数学讲座

讲授者要为所讲单元提供内容核心框架、学习的难易水平,还有学生所能接受的方法等。例如,学生是否能学习基本概念?数学技能是否有所发展?下面是准备讲座的一些建议框架。

■ 熟悉你要讲授单元的内容和表达方式,其他类似新单元也如此。尽量获得之前使用过的讲座笔记、案例表格和考试试卷等。

■ 仔细学习所讲授单元的要求(如模块文件)、已有的相关计划和讲学的时间标准。创建教学计划(讲座的大概时间),清晰地注明你在结构方面的改变。检查预备好的教学单元,如学生期望获得什么样的知识和技能?你需要复习和讲述些什么?检查收到了什么样的讲学效果,必要的话,在接下来的单元需要继续讲述相关内容。

■ 对每一个主题都要拟定讲座笔记,准备好展示所需的案例和学生学习所需的案例。

■ 讲义材料——决定和准备你在讲座中需要使用和支撑的材料,这些材料可能包括:

——一套完整的讲座笔记；
——定义、定理和案例的笔记；
——重要观点和公式的总结；
——标准文本和其他资源的参考资料；
——案例的解决方法（大纲或者完整方案）。

■ 讲座——决定如何陈述讲座，寻找方法和步骤上的变化，你期望学生参与互动的可能方式。更多的细节可以参考梅森的数学课本。

（Mason，2002：39—69）

给大一新生准备有关学习技巧的讲座

当我面对这个全新的讲座主题的时候（全新是因为我之前从没有给这群人教过相关的主题），我仔细地看了看教学目标，还有教学对象（特别是他们的职业和其他可能的兴趣）。忽然我来了个头脑风暴，去思考任何可能有用的、有趣的、相关的、重要的和当时从我大脑中闪过的所有想法。首先，我开始考虑各类想法之间，各类想法与主题、与教学对象之间如何相适合；我考虑能利用的时间，在这个阶段我会把各种想法浓缩成几个主要部分（大概四至五个部分），然后我把这几个主要部分在细节上进行规划；我可能还会去阅读更多材料，核实一些我不确定的地方，看看我是否能从学生角度获得更多；我还要花更多时间来检查相关背景——学生过去是怎样的？之前和之后有什么收获（当天，以及相关课程）？其次，（理想状态下）在真实的讲座的前几天，我会做好讲座的细节性准备工作（通常是讲座的前一天晚上），然后让"想法自己去成熟"……我发现一旦我把主要工作做了，最好是把想法放在大脑里慢慢去思考，很多时候过些时间，最好的想法就会冒出。在讲座之前的一两个小时，我会重新看看我准备的材料，在笔记本上记下讲座的几个阶段、新的想法（通常用笔标明，不是在幻灯片上标注），期待是最好的讲座。

一场讲座结束后，接下来的 12 个小时，是我准备下场讲座并决定能否获得最佳想法的时间。为了能保留这些想法，我会在第一章幻灯片或者主要文本的第一行，采用一套体系用来保留我的想法——这样下次讲座我可以马上采用。

（Liz Barnett 博士，伦敦政治经济学院）

准备微生物学讲座

　　对于主题不是我的研究领域的讲座,我通常在几个月之前(有时候是几个星期之前)就开始考虑主题的范围、之前相关的知识、学生的水平以及两者之间是否有连接之处。为了对主题有个完全的了解,我查询了过去 5 年中一些好的评论书籍和一些重要文献。在我的研究领域,之前文献主要来自于研究趋势、现状和年度评论(遗传学、生物化学和微生物学),最近主要来自于《自然》《科学》《美国科学院院报》《分子微生物学》等杂志。为了给大四学生做上午 3 个小时的讲座,我需要阅读 4 本评论书籍和 4 本有影响力的论文,这让我知道如何重点研究更多的文献,得到基本的证据和实验细节。上述工作引领我步入一些有趣的外围学科,如免疫学。有时候我要决定是否让"医学兴趣"融入多元复杂的科学讲座中。

　　我开始制作讲座重点架构的幻灯片,制作图表,插入图片到相关案例中。首先,我主要集中在通过实验线路能证明的领域,那样可以展示鲜明和容易接受的内容,也可以促使学生集中精力地学习。接下来我拿出一些具有争议的话题,其中相关数据还没有可能的解释。准备中需要考虑如何平衡基本事实和与之前内容有较大联系的有趣而不可评估的材料,这样的话,学生也会很高兴,他们既可以学到有益于考试的事实,又能讨论不可评估的材料。如果不这样的话,学生可能会感到焦虑,他们会觉得没有什么是确定和可以解决的。我可能要选择一些前沿的话题。随着幻灯片架构的完善,我慢慢开始关注内容太少的基础知识领域。考虑到班级学生的背景多元化以及自大一后他们没有学过相关的课程,为此我加入大一讲座中使用的一些基本数据,这样每个学生就可以根据自己的背景来吸收新知识。完成制作之后,我检查每一张幻灯片,看是否和整体次序保持一致,有时候会发现幻灯片次序有点混乱,相关内容的教学应该按照事物认知过程来进行,而不是时间顺序。这个时候我已经为该讲座准备了大概 50 张幻灯片(中途安排休息时间)。我写下所有幻灯片的总结、目标和结果,同时我寻找有关古代瘟疫骇人听闻和历史性的幻灯片,这样可以让我的讲座更加生动。

　　我把讲座幻灯片放到学校的校内网上,但是做讲座的时候还有学生提出需要有注解的纸质讲义材料。这个时候我用 A4 纸打印幻灯片来检查其可读性。为了节约纸张,我把两张幻灯片复印到一面纸上,而且正反面复印讲义材料,因为打印没有留什么空白位置,这个比直接打印幻灯片的讲义材料显得更大和更容易阅读。这个步骤需要花费我很多时间(我估计一下,每个小时的教学最少要花费12个小时准备),但有一个好处就是我可以更新和修改(这个在我的专业每年都需要)。

我承认当我为大四学生准备一个全新主题讲座的时候,我通常在大一新生中采取直接的教授方式教学,来看看在我设计互动的、以学生为中心的教学活动之前,教学是如何进行下去的。在讲座结束部分,我通过提问和回答环节来测量效果并通过学生举手提问等,来了解我已经完成的"困难部分"。

尽快准备这个处在科学边缘学科的讲座是一份困难的工作,但我尽最大努力去帮助学生理解,因为我有过学习的经历,知道他们在哪里可能遇到困难,如果我能理解,他们也能。

(Liz Sockett,诺丁汉大学遗传学教授)

准备经济学讲座

在开始准备讲座时候,我一般会考虑三个基础性问题:讲座时间是多长?听众由哪些学生组成?讲座需要什么样的材料?前两个问题比较容易回答。为了回答最后一个问题,我需要进一步思考更深入的问题:我想让学生在听完讲座之后有什么收获?如果只是让学生简单了解知识的框架和观点,我的考虑可能就是准备传统型讲座,通过恰当的材料给予引导,这当然需要我给他们更多的输入和更多的准备材料。如果讲座需要发展他们解决问题的能力(如数学和统计学问题),那么在计划的时候需要设计更多的互动环节,让他们有更多的时间去实践他们的大概想法。我需要做的是准备材料,如学生在讲座上可以用的活页练习册。尽管在讲座中对学生的讲解较少,但是之前我需要花大量的时间去准备。为达到满意的效果,我需要决定采取什么方式去进行讲座。

到这个阶段之后,有些必须做的准备工作不能忽视。我需要检查教室里面是否安装了我所需的视听设备——希望不要在放映幻灯片的时候发现教室里没有电脑。我还需要确认我是否能及时得到讲座材料和复印资料——我看到太多同事在准备上午9点的讲座的时候,

8点57分还在抱怨复印机出问题。

从更广泛的范围思考,讲座不是我一个人站在那里的经历,学生在听完讲座之后,他们期望获得什么类型和范围的材料和活动,我试着返回之前的单元大纲、推荐的阅读材料、延伸扩展的网站和经济学家的文章等。记住还有一些小组活动也支撑着讲座。我经常会故意省略一些内容,这样在下次的讲座或辅导中可以讲解,主要的目的是为讲座和辅助教学两者之间提供清晰的联系。然而,这需要我和助教去沟通单元内容,同样也需要我重视准备的价值。

另外,对我准备讲座有帮助的就是写教学日记。做讲座的时候难免会犯错误,所以我决定记录我在讲座过程中所做的事情,其中包含材料的覆盖面,哪些在讲座中得以实现,哪些没有成功实现。多年来这已经成为我每个单元教学目标的一部分。这是很容易做的事情,而且在提升教学能力、发展反思技能等方面都是无价的。

最后,需要记住的一点——在书写和做讲座的时候,回顾一下自己做学生时候的那些最差的讲座,想想它们为什么对你没有很大作用,学会避免他人的错误也不是一件坏事。

(Wyn Morgan 博士,诺丁汉大学)

扩展阅读

如你想了解更多关于本章话题的内容,或者想得到更多切实可行的或技术性的建议,下面我们提供了少量的阅读书目,从中可以找到一些有用的信息。本书后面还有更详细的参考书目。

[1] Butcher,C.,Davies,C. and Highton,M.(2006)provide a very useful chapter (4) onselecting teaching content and matching it to the learning outcomes for the session. *Designing Learning*:*From Module Outline to Effective Teaching*,Key Guides for EffectiveTeaching in Higher Education. London:Routledge.

[2] Bligh,D.(2006)*What's the Use of Lectures*? 5th Edition. Bristol:Intellect.

[3] Brown,S. and Race,P.(2002)'Before and after lectures',

in *Lecturing: A Practical Guide*. London: Kogan Page.

[4] Davis, Barbara Gross. (1993). 'Preparing to teach the large lecture course', in *Tools for Teaching*. Berkeley, CA: University of California. http://uga.berkeley.edu/sled/bgd/largelecture.html.

[5] Gibbs, G. and the course team (1998) *Practice Guide 2: Lecturing. H851, Teaching in Higher Education Institute of Educational Technology*. Milton Keynes: The Open University.

第三章　架构和排列讲座

导言

　　我们总是痴迷于故事,我们阅读小说,我们看电影、电视,我们也去戏院。我们最早的一些记忆可能就是神话故事,以及包含特有信仰和文明的故事和传说。很多故事都有这样的结构:开始、中间和结尾。例如,很久以前,有一个王子,他经历了一个冒险之后,他们都过着幸福的生活。这样让大家都容易理解,也使大家的认知结构很容易产生共鸣,人们对这样的叙事结构感觉也很舒适。

　　讲座其实也是一个故事,因此也需要一个叙述的结构,需要开始、中间和结尾。如果没有这些元素,会使听众感到困惑,浪费听众的脑力并产生较差的效果。

　　一个简单的安排讲座的方式可以按照以下排列方式进行:
- 告诉大家你将要讲述什么;
- 讲述;
- 告诉大家你已经讲述了什么内容。

　　另外一个讲座的开始、中间和结束的方式,可以根据下列模块安排:
- 背景;
- 内容;
- 结尾。

　　我们将对这三个部分逐步按顺序来分析,并分析每部分是由哪些元素和步骤构成的。

背景

> 故事所需要的,最好以地震作为开端,然后逐步进入高潮。
>
> (Sam Goldwyn,美国电影制片人)

背景嵌入并支撑着讲座的内容,背景也与其他学习相关联,背景提供的材料,可以强化讲座内容中的重点(术语"set"可以用来描述学习的语境化,表明准备或者安排好过程。然而,"set"这个单词可能是英语中含义最多的单词之一,因此这里使用"context"这个术语更佳)。在建构性教学模式当中(Brown, 2004),背景被认为是"用所有砖块堆砌成的墙的一部分,假如我们正在建造房子"。背景所包含的很多重要元素都将在下面进行描述。

情绪

假设学生都已经在讲座大厅,讲座快开始的时候,讲授者才刚进门。讲授者迟到?讲授者匆匆忙忙还是优哉游哉?讲授者是否花了很长时间准备他(她)的笔记和设备?他(她)是否知道如何使用灯光和视听设备?讲授者在多大程度上意识到学生的存在?讲授者是否与学生有眼神交流?

> 我喜欢在学生到教室之前到达教室,在他们到来时我会对他们微笑,这样比进入教室面对满座的学生时,内心的胆怯少多了。
>
> (入门历史教师)

在讲座还没开始的时候,这些都会影响学生的情绪。讲授者应该影响学生的情绪,并尽量确保是积极的影响。因此,讲授者不应迟到,应懂得如何利用设备,在讲座开始的时候应知道如何吸引学生的注意力,和学生以合适的方式打招呼并与他们进行眼神交流。如果讲授者和学生是第一次见面,讲授者应该做一个简短的自我介绍。记住,如果没有创造一个积极的情绪,可能会产生消极的情绪。讲座的开场白不应该是因为缺乏时间准备或提供的信息量不足的道歉,不要一开始就道歉！

吸引注意力

在刚开始讲座的时候，有些讲授者对教室的噪音和嘈杂声感到胆怯。学生不可避免地会说话、谈笑、开玩笑和走动。有时候学生会问讲授者在讲座正式开始时是否可以提醒一下，若是次数不多而且也不占据很多时间，讲授者那样做可以带来好的情绪，而且也是让学生安静下来的一种方式。有些讲授者认为，只要站在讲台上或者投影仪下，就是给学生传递停止说话和安静下来的信号。事实上，除非学生很了解这位讲授者，或者已经适应他（她）的工作方式，这样做才有效果。因此，很多时候讲授者必须采取其他措施。讲授者应该有明确、严肃和清晰的提醒，告诉学生需要集中注意力，讲座马上开始。如果有必要的话，可以通过增加音量和严肃程度来重复提醒。一旦获得学生的注意力，如果有必要，讲授者可以问候学生并做自我介绍，然后开始讲座。

主题介绍

对讲座的标题和主题的介绍是必要的，如"谢谢你们关注，今天我们的讲座是关于……"。讲座的标题也可能同时出现在幻灯片和投影上。这种情况下，讲授者非常有必要考虑如何在开始的时候获取学生的注意力：可以用一张阐明讲座主要特征的生动图像，可以用一个搞笑卡通，也可以朗读一首短小的诗文或者引文，还可以展示某个物体或者展现某种不常见的物理现象。化学课或许可以以爆炸试验开始，但具体以什么形式开始主要还是由讲授者的想象力所决定，他们总是尝试用一些方法来使学生有兴趣并聚精会神地聆听讲座。

激活之前所学

在建构性学习模式当中（Brown，2004），学习是建立在之前理解的基础上，新知识需要与已有的知识相联系。

影响学习的最重要的一个因素就是了解学习者已有的知识，查明这点,然后根据这个来进行教学。

(Ausubel,1968)

因此,在讲座的前后联系阶段,花费几分钟时间复习,将所学知识与之前的学习进行联系就显得十分重要,这个也被称为"激活之前所学"。这是让学生从记忆中提取之前相关的知识并进行定位,正如在学生的大脑这台计算机中定位。方式可以为简短回忆之前讲座或讲授者的工作、前些年习得的或者在学校学习到的知识。如果合适并可行的话,可以用提问的方式,让学生回顾之前的知识。

一旦之前所学被激活或建立起联系,就可以开始进入新主题。讲授者可以告诉学生,为了理解新主题,他们需要回顾和使用之前的知识;讲授者也需要判断学生对之前知识激活的数量和程度。

关联性和重要性

解释新主题与之前所学知识的关联性会帮助学生将新学的知识结构与已有的知识结构建立联系。讲授者应该有能力去说明所讲课程所包含的内容。选择与学生相关和重要的内容进行沟通,会帮助学生提高他们的注意力。相关性意味着和所有课程达到的结果相关,和未来的职业和实践相关,和智力洞察力与理解内容相关。

学习动机

学习动机是一个复杂的心理状态,受到众多因素的影响(Brown,2004)。它与关联性和重要性有关,同时也有自己的动态。如果讲授者表明某个主题是核心概念,是支撑课程的主要领域而且在考试中会出现,那么学生可能会更加关注。

同样,主题如果和实践相关,在以后就业中也常见,学生也会非常关注。学生还会被讲授者对学科的激情所激励,这主要归功于教学训练。

列出结构纲要:标志

在讲解内容的时候,讲授者应该列出讲座的所有结构(不同类型的结构在后面将会讨论)。让学生知道将要讲述什么也有益处,这为他们提供一份将要学的内容的认知地图。

学习结果

一旦介绍了主题,学生之前所学被激活,学生被将要讲述的内容的关联性和重要性所激励。讲座大致框架也给出,那么,接下来讲授者应该告诉学生讲座之后的学习效果是什么,这主要是说明在听完讲座之后学生应该能够获得什么,或者在讲座中,学生在学习方面能有"价值增加"。讲授者通常会使用一些积极的动词,如列举(List)、陈述(State)、描述(Describe)和评价(Evaluate)等(Brown,2004)。一个单元的学习结果如同建造整个课程的砖块或脚手架,应该包含于整个课程的学习结果中。

实现每个单元的学习目标非常重要。例如,学生在学习第一次世界大战的时候,学习目标之一就是让学生理解引发第一次世界大战的诸多原因(不一定可信),可能没有人能完全了解引起第一次世界大战的所有原因,即使是历史学教授也不能。合理的学习结果是在结束单元学习之后,学生能够描述或者评价一些对第一次世界大战起因的通常解释。

一个常见的背景

请注意听我讲话好吗？我的讲座现在开始。

谢谢,大家早上好！我是琼斯博士,今天非常高兴和大家在这里认识,我将是这个单元接下来几个讲座的主讲人。

今天我们讨论健康与安全这个主题,大家看这张图片,一位男士因为工业生产受伤而躺在医院,大家可以看到只要按照下面简单的原则操作,伤害是可以避免的。现在,为了更好地理解健康与安全,我们需要了解史密斯博士之前讲述的工作场合中的危险。这里有些照片,提醒大家应该注意哪些"危险";还有相关表格,告诉我们如何进行危险评估。这是我们获得最终评测受伤风险的方案。

安全的概念是最重要的核心概念,如果你理解安全,那么你就能够在接下来的讲座中明白本课程中的管理和立法等议题。同样,急救也非常有用,如果以后你的工作和工业生产受伤有关,那么急救知识在任何时候都能派上用场。

今天我们的讲座首先会讲到工作场所的危险如何直接危害健康和安全;然后我将给你们全面讲解健康和安全的基本概念;再然后我将向你们展示一些案例,主要是关于健康和安全的知识如何帮助大家解决这个领域常见的问题;最后我们一起来看一个案例,让你们来判断在实际场所中是否有效。

在讲座完成之后,希望大家能够分析工作场所的危险如何直接危害健康和安全的问题,能列举和描述健康和安全的主要特征,能使用健康和安全知识解决一些常见的问题,并能评估实践场合中健康和安全的有效性。当然,所有这些类型会在单元考试中抽取部分进行考核。

内容

如果背景处理得很好,学生应该蓄势待发准备学习讲座的实质性内容。讲座的内容可以是"生命、宇宙和一切事物",但是也有一些基本原则需要坚持,那就是保证讲座的有效性。下面列出需要注意的事项,下文将详细解释。

- 内容总量的控制;
- 激励方式多样性;
- 内容的架构;
- 调整结构;
- 经过深思熟虑的解释;
- 激励性思考。

内容总量的控制

一个最常见的错误就是讲授者试图讲述尽量多的材料。一张幻灯片接着一张幻灯片,一块板书接着一块板书,一个案例紧跟一个案例,讲授者把所有的信息倾倒出来,结果学生好像从消防水龙带里面喝水似的。之前我们讨论过,讲座应该是专家在关键领域的概述,讲授者应该解释核心概念,并知道难点和容易犯错误的地方所在。讲座不应该只是从阅读或者分发的材料中获得大量的信息。

为什么讲授者会讲述那么多信息,其中一个错误观念就是,他们认为只要在讲座中覆盖所有的知识领域,学生便能自动地学习。但这不现实,学习是通过刺激的方式来理解材料,而不只是被动地记忆大量的事实。

那么,讲授者应该怎样决定讲座材料的多少呢?讲授者应该和整个课程的协调者保持联系,确保所有的讲述内容能在所有的讲授者中公平合理地安排和分配。另外需要记住的是,内容也可以通过其他方式习得,如以自我为主导的阅读。记住这点,讲授者才能尽量减少讲座的细节和数量,把重点放在核心事实、概念和解释上面。细节性材料和进一步的案例可以放入进一步阅读当中。

在内容处理方面,这里有一句非常有用的格言:

少即多(Less is more)。

矛盾的是,讲授者讲述得越少,学生理解和记忆得越多;讲授者讲述得越多,学生理解得越少。

激励方式多样性

讲座中一个最主要的问题是,单调、枯燥的讲解通常使听众昏昏欲睡。根据调查,讲座中人们的注意力一般只能持续15～20分钟(Johnstone and Parcival,1976),午餐之后更是如此。如果加入暗淡的灯光,讲座中大多数听众更需要挣扎着保持清醒。讲座的平均时长通常在一个小时左右,讲解的时间可以稍微短些,允许学生出入讲座大厅。学生们很乐意花上一到两个小时的时间去看电影或者玩游戏,他们在那段时间里肯定不会睡觉。所以肯定不是时间的长度问题导致讲座中的昏昏欲睡。问题所在之处就是讲座往往会使学生一直处在一个持续的、一成不变的刺激环境中:讲授者单调、未加调整的声音,常规展示的幻灯片或板书看起来似乎都一样,没有刺激的信息灌输,其他讲座模式的缺失等。能让观众在看电影或玩游戏时保持两个小时清醒,来自于持续不断的多样性刺激。作家和导演都知道,如同交响乐一样,叙述要想获取观众的注意力,需要快和慢的节奏,需要戏剧性和兴奋点,需要变换节奏。确保某个教学方法在教学中使用不超过

10～15分钟是一个好的办法。

幽默也是一种非常好的方式,它不仅具有多元的激励性,也有助于促进人们的记忆。因此,讲授者可以收集一些幽默的图片和卡通,以备在讲座中来说明某一观点和贯穿于讲座之中。然而,需要注意的是,对某人的幽默有时候对他人可能是一种冒犯,所以在和学生运用幽默时候,需要特别注意性别、文化和宗教等方面的差异。

本书第八章将进一步讨论讲座中学生的活动和互动方式。

内容的架构

通常情况下,学生不希望所听讲座是一场"神奇的神秘之旅",他们不希望漫游于不相关联的概念和事实之间,他们希望看到不同观点之间的联系。要实现这点,唯一的办法就是建立有逻辑和理性的架构,来承担讲座主要内容的主要结构框架。

布朗和阿特金斯(Brown and Atkins,1998)列举了建构讲座框架的多种方式:经典式、连续式、比较式,这些方式和其他一些方式的例子都将在下面进行探讨。

经典式:1,1.1,1.2,1.3,2,2.1,2.2,2.3……

这是一种常用的架构方式,在讲座时候可以应用于列举一系列相关事物的属性,或者描述事物的特征和属性。例如,可以使用在描述一些疾病的病症、检查和治疗方面,也可以使用在一些生物体的解剖学特征,政治人物的背景、政策主张和成就方面等。总体来说,这一架构可能包含各类属性的比较和对比。

连续式:a,b,c,d……

这可能是最常见的讲座架构方式。讲授者通过一系列简单的相关子主题来支持主题,形成逻辑一致的叙述,有明确的结论。需要注意的是,使用该架构时要确保学生理解每一个渐进的步骤。

过程式:a,b,c,d,a……

循环的过程式可以用以描述生物、化学、生态学、地质学、经济学和其他一些学科,通过连续部分过程的例举可以提供逻辑和相连的讲座框架。

时间顺序

时间和历史年代的排列，为讲座框架提供了一个预制好的框架。历史本身、科学与技术理论或进程的发展都可以采取时间顺序。

空间顺序

事物属性之间的空间联系是一种有效的教学框架。解剖学和胚胎学可利用这种方式进行讲座，在其他具有空间关系的学科中，如地理系、建筑学和工程学等也都可以采用空间顺序。例如，在解剖学中，肢体的立体结构讲述可以采用下列方式来描述：先骨骼，接着肌肉，然后血管和神经，最后皮层和皮下脂肪；在地理学中，一个国家可以按它的主要城市、河流、山脉等之间的空间关系进行讲述；在建筑设计中，中世纪大教堂可以按照主要结构的空间顺序特色（如教堂东端突出的半圆或多角形室、中殿、拱门）来进行描述。

比较式：赞成和反对，支持和争论

有些比较令人兴奋的学习可以采用辩论的方式，如观念、概念、方法、步骤和技术等方面的对比。讲授者可以从一个方面给出案例和证据，然后转向相反的一面。这是让学生参与的理想情景，同时，最后学生也可以加入到辩论或者选举当中。如果还有另一位讲授者，那么正反两方面可以由两位讲授者分别讲述，之后可以进行一场真正的辩论。这一技巧也可以应用于其他具有两方面属性的事物中，如比较医学里面的正常和非正常现象。

归纳和演绎

由观察所得、事实和证据等综合形成理论、规则、法则的过程就是大家所熟知的归纳；而与其相反的过程，由理论、规则来预测和推理事实的过程则是大家所知的演绎。归纳和演绎的两种推理过程都可以用来架构讲座。比如，归纳式教学结构可以应用于展现事实和证据，然后根据这些引导理论框架的建立；而在演绎式教学中，讲座可以先说明理论，然后用其来展示和预测世界中具体的事实。这两种方式在原因解释方面的应用将在以下讨论。

问题和案例研究

归纳和演绎推理相结合构成了假设归纳体系,特别是在科学、技术和临床诊断推理等问题解决方面尤为典型。在现实生活和相关情境的概念性理解和推理中,问题和案例研究是建构教学系列的一个理想工具。例如,临床医生通过病人对病史的叙述和检查之后,获得与疾病相关的特征和迹象,通过归纳的方法,得出可能引起一系列不同临床诊断的原因假设。为了进一步测试这些诊断的有效性并区分它们之间的差异,根据可能诊断疾病的假设,来做相关的进一步检查和研究,根据检查结果,之前的一些假设逐步减少,直到最终诊断的获得。在设法诊断汽车机械和电子设备等方面的故障时,也可以采用相同的流程。

以问题和案例研究为架构,最后可能更多倾向于较多概念导向的讲座,但是它们在重点强调推理的过程中,提供了可贵的机会来综合和总结许多主要观点。

调整结构

有了对内容的架构对讲座非常有帮助,但是也需要同听众进行沟通,通过叙述来帮助他们调整方向。从某一程度上讲,这个过程在背景阶段,即开始简单从宏观上介绍讲座的时候就应该开始。进入内容讲述阶段后,提醒学生之前讲述了些什么、现在已经讲述到哪里、他们应该着重注意什么、他们将学习到哪里,这些对他们也很有帮助。这个过程很像在一本优秀的教科书当中,除了标题和副标题,作者给予读者以直接的指示,如一个主题已经完成,另外一个新主题将被探讨,将叙述一个重要定义的要点,现在是总结的时间等。在调整结构的时候,经常使用这些标志性术语:标志、框架、焦点、纽带。这些将在下面将进行讨论(Brown and Atkins,1988)。

标志

这主要是关于讲座方向性标志的陈述。

在接下来的讲座中,我首先要谈到危险是如何直接导致健康和安全问题的;接着我将给出健康和安全基本概念的总述;然后我将展示一些案例,说明健康和安全的知识是如何帮助解决这个领域一些常见的问题的;最后我们一起来看一个案例研究,向大家说明应该如何评价实践的有效性。

框架

这主要是关于如何说明主题和单元的开始和结束的陈述。

我们现在解释危险是如何引发健康和安全问题的,现在我们来看看健康和安全方面更多的细节。

焦点

这主要是关于着重强调一些关键想法、定义和概念的陈述。

我们现在要看的是这个领域一个最重要的定义,所以请大家多加注意。

纽带

这主要是关于其他单元的讲座或之前知识和经历方面的陈述。

现在我们来一起看看,健康和安全是如何建立在危险分析基础上的,并看看其与去年在某单元学过的一个概念之间的联系。

经过深思熟虑的解释

如同之前已经讨论过的,讲座的专家掌握讲座全部的关键领域,他能够解释核心概念,能意识到学生在理解方面的难点和误区,那么在接下来在教学和讲座中,重要的一点就是解释。解释是讲授者通过讲述概念和事实的联系,让听众理解,同时也确保不产生误解。一个好的讲授者应该意识到通常会产生哪些误解并懂得如何避免。

一个常见的错误就是一些新教师认为,因为他们对一些材料已经理解,所以在讲座之前他们不需要考虑如何去讲解,就能够解释给他人。他们可能会去准备讲座,包括他们需要讲述的一些概念或者过程等。教学专家都熟知,只是自己了解讲述内容,在具体的讲座中可能会出现问题。关键要记住的是,你理解某些东西并不意味着你能把这些东西解释给其他人。相反,很多讲授者已经证实,有时候直到你讲解给他人听的时候,你才真正理解某些东西。

因此,在准备讲座的阶段,讲授者就应该考虑如何去解释。根据建构性学习模式,我们可以推断出,新知识需要和已有知识建立联系才能更好地帮助理解。讲授者一定要知道学生已经学习到什么地步,他们已经具备什么样的知识。然后讲授者应采用多样的技巧,在简单的描述中,建立桥梁,从已有知识过渡到他们希望学生学习的新知识。这一思维的"脚手架"来自于苏联心理学家维果茨基(Vygotsky)"最近发展区"的专业术语。

应该用什么样的技巧为新旧知识建立起联系的桥梁呢?学习者只有使用他们已有的知识,从他们现有的经历出发,同新知识建立联系。因此,讲授者必须将讲座开始于这样的知识,并加以利用。如果新概念是已有概念、事实、证据等的逻辑结果,那么讲授者应该确保让新旧知识之间无缝对接,以免间隔或者思维上的跳跃影响学生对新知识的掌握。布朗和阿特金斯(Brown and Atkins,1988)建议,解释应该遵从连续推理来证明几何学定理,开始于一系列无缝的定理,有逻辑地推理出相关结论。

然而,有时候一些概念比较新或不同寻常,就需要额外的帮助了。在安排解释的时候,就需要运用类比、比喻和一些具体概念来阐述一些抽象的概念。通过使用和扩展已有的认知结构,讲授者可以创建"前概念"模式,这样可以让学习者相对容易地过渡到最终概念。当构建讲解的时候,有些证据表明,人们发现规律性推理比演绎性推理相对容易。皮亚杰(Piaget,1969)和布鲁纳(Bruner,1968)都考虑过"具体"和"抽象"推理的发展,并认为具体推理,即对现实世界存在的事实和属性的思考,相对于人类认知最高形式的抽象和高度逻辑推理,处于优先地位并更加容易理解。布鲁纳进一步认为,尽管成人有能力运用抽象思维,但当他们的思维碰到困难时经常会返回具体推理方式中。当人设法理解抽象概念的时候,通常需要通过回忆去寻求一些"具体的案例"。对我们来说,我们的大脑概念化和掌握真实事物比抽象事物要容易得多,如果这属实的话,要进一步强化观念,特别是在解释一些复杂抽象观念的时候,应尽可能地运用具体的案例。讲授者应该对事实保持敏感,不论是给何种学生团体做讲座,都应使用各种能力,采取具体过渡到抽象的方法,使讲座变得更加易于理解。

同时,也存在个体差异会影响处理一些特定讲解的能力的情况,这主要存在于听众之中。学生有不同的学习风格这点已经确定（Honey and Mumford，1982），因此，讲座或多或少会受到不同学习方式的影响。另外，个人也或多或少会受到他们左右脑的影响。根据对大脑皮层功能的研究（Springer and Deutsch，1993），左脑主要负责逻辑和语言信息的运行，右脑主要负责想象力和机能整体性。更进一步，加德纳教授认为人有六种独立智能：语言、数理逻辑、空间、音乐、运动和人际关系，这进一步说明个人或多或少会受到特定形态的影响（Gardner，1993）。

这就告诉我们，讲授者应该使用各类视听和计算机辅助教学等方式来创建实际案例，这样对存在认知差异的不同学生和听众个体都具有吸引力。使用幻灯片能比较简单地制作具有吸引力的动画和表格，同时也能够向所有听众展示电脑模拟的或通过电子投影仪播放数字化视频。这样的图像和动画，结合文本和口头表述，可使多媒体教学发挥出强大的解释能力，以吸引讲座中的每一个人。

激励性思考

讲座的建构、组织和讲解等一系列过程，目的就是为了激励和吸引学生，促使学生思考，如果不是这样，讲座就仅仅是朗诵一些枯燥的事实，学生只是尝试着去识记而不需要什么脑力活动。我们已经探讨过如何进行讲座内容的架构，通过把相关联的材料按照一定顺序排列，从最大程度来激励学生思考。合适地运用解释时也应该考虑激励学生思考。因为存在不同类型的思考形式，所以我们的目标应该尽可能地去激励最高层次的思考。以下列出一些常见的思考类型，在讲座的某一时刻学生可能采用哪种类型的思考方式，讲授者在准备和组织讲座的时候都应加以注意。

- 分析；
- 合成；
- 逻辑推理；
- 假设-演绎推理；
- 评价事实或数据；
- 评估和判断；
- 关键性评价；
- 新情境中的知识运用；

- 寻找新联系；
- 创造性推测；
- 水平思考；
- 设计；
- 解决问题。

结束内容

在我总结之前大家是否有什么问题呢？

随着讲座逐步进行到结尾阶段,这个时候讲授者应该有意识地采取叙述的方式直至结尾。主要的论点和解释都应该已经给出,学生应该已经能够达到情境阶段设置的学习目标,然而,可能还有一些学生没有完全理解每一个知识点或者没有被激发去思考一些问题。

在传统的总结讲座的做法中讲授者通常会问:"你们还有什么问题吗?"然而,经验告诉我们,讲座一旦说总结,学生的思维就脱离讲座,开始收好他们的笔和笔记本,大部分学生都想离开讲座大厅,最不大可能的事情就是问问题。因此,这个时候合适的表达方式应该如下:

在对讲座的主要观点进行总结之前,还剩下几分钟来让你们提出可能存在的问题,如果你有任何不懂的地方或任何想问的问题,请举手,我在这里很乐意回答。

这样学生可能受到鼓励,他们会迅速翻看他们的笔记来寻找是否有什么漏洞或者缺少的信息。有一个技巧就是讲授者在重述要点之前,让学生记录下他们自己个人的讲座总结。这个活动不仅能鼓励学生参与到讲座过程之中,也能给学生提供一些反馈,还能帮助讲授者了解学生理解程度如何。最终的提问应该也是内容的一部分(当然,根据讲座和讲授者的不同类型,提问可能在讲座过程中就已经进行了。我们这里是假设一些常规的讲座,问题一般都留在后面,或者说在快结束讲座的时候)。我们在第八章会讲到积极讲解的方法。

讲授者也可能在最后一阶段给学生一些额外的信息,表 3.1 是给出的一些建议。

表 3.1　最终讲话——讲授者在最后阶段可能希望给出的观点

最终……
- 进一步的信息资源和额外阅读
- 有疑问如何同讲授者联系
- 致谢
- 链接到计算机网络的标准化学习与管理系统（VLEs）或者网络课程支持途径，例如，"你可以在 Blackboard 网络学习平台找到全部的阅读清单，以及10个快速自测问题，在那里你可以测试你对今天讲座内容的理解程度"
- 提醒作业的截止日期或者课程的评价要求
- 辅导教程支持或实践（实验）环节的链接，例如，"今天我们学习了理论，明天早晨你们将有机会在实验室进行实验"
- 感谢学生的出席，例如，"谢谢你们今天都非常努力，祝大家周末愉快，我们下周将在这里共同学习第二部分"

结束

之后他们都过着幸福的生活。

正如上面探讨过的，内容的最终应该包括总结，然后给出一些"带回家"的信息。结尾部分应该包括在讲座中提及的一些关键要点，一个有效的方式就是展示讲座重点聚焦的内容的学习结果，一个一个重点来检阅。强调所学成果是总结的一个良好方式，所得出的结论，也可以再次提出以示强调。然而，在总结学习成果的时候，重温在情境阶段提及的激发性的想法也很有帮助。这个阶段，学生已经获得学习成果，他们应该在离开讲座大厅的时候充满成就感并且充满自信，他们现在能完成之前所预期要达到的事情。更进一步，他们应该鼓励自我去独立学习。

不同学科的案例

医学教育讲座

当我准备一个单元的时候,开始时我通常会考虑,讲座之后学生能获得什么样的学习成果。一旦这个确定下来,我就开始向后工作,之后其他的一切也开始逐渐变得明朗了。

(全科医学讲师)

护理学讲座

渐渐地我才意识到,在讲座开始的时候,相关性和重要性的解释非常必要。通常每次听我讲座的人数只有10~20人,人数比较少时便于一些互动的展开,即使这样也是讲座。我发现,在我讲述他们以后将会如何运用讲座的知识内容时,他们更加感兴趣,也更关注。

(护理从业者讲师)

生物化学讲座

我们讲每个单元的时候都会告诉学生学习目标(结果)是什么,他们也会访问网络学习平台然后形成部分知识结构图。刚开始我认为这只是增加工作量,并没有太大意义,多年之后我意识到,这样确实有助于澄清我的教学,聚焦我所要做的。我有时候也会对学习目标做少许改变,以便符合评价体系。现在,学生都会自己学习,然而让我担心的是,他们会不会只是围绕学习目标学习。我鼓励他们围绕主题去学习,而不只是围绕目标这一底线,我希望这只是旧式的想法。我在读大学的时候从来没有什么学习目标,我们当时是根据以往的考试试卷来决定学习什么的。

(生物化学讲师)

化学讲座

正如大家所说的,很多东西直到教授的时候才真正理解。记得在几年前我刚开始教学的时候,在一次讲座中,解释某一个进程的时候,我突然被卡在半中央,我不知道学生是否注意到,我跳到后面一部分看了看,然后想了想直到我感觉我能解释出来,现在我肯定可以很好地解释。这让我认识到,在讲解到一半的时候讲解者会用一些错误的解释侥幸逃离,学生们认为他们没有理解主要是因为自己不够聪明,他们从没有怀疑过教师会犯错。

(化学讲师)

 扩展阅读

如你想了解更多关于本章话题的内容,或者想得到更多切实可行的或技术性的建议,下面我们提供了少量的阅读书目,从中可以找到一些有用的信息。本书后面还有更详细的参考书目。

[1] Brown, G. A. and Atkins, M. (1988) *Effective Teaching in Higher Education*. London: Routledge.

[2] Brown, S. and Race, P. (2002) *Lecturing: A Practical Guide*. London: Kogan Page.

[3] Egan, M. (1997) *Would You Really Rather Die Than Give a Talk?* New York, NY: Amacom.

[4] Race, P. (1999) *2000 Tips for Lecturers*. London: Kogan Page.

第四章　有效利用声音并展示一个自信的自我

导言

本章讲述的是如何利用好我们拥有的最重要的沟通工具——声音。我们在讨论视听辅助教学的时候经常会忘记，声音是我们做讲座时最珍贵的设备，讲授者必须学会照管好自己的声音，合理利用并在讲座中发挥最佳效果。声音太小、喃喃而语、发音不清、速度太快、声音单调，这些是声音使用中最常见的错误，也最容易辨别。本章将讲述如何更好地去避免这些错误的一些简单方法。

在讲座中有效地利用你的声音

我们一直都在说话，但是讲座和说话还是有所不同，为了更好地突出我们的声音，使我们说的话能让大厅的听众都理解，面对传声效果的挑战，我们在使用声音的时候要有所变化。我们在讲座中用声音讲述内容时常见问题如下：

- 讲话速率有误；
- 单调和枯燥的讲述不能吸引大家注意，使学生厌烦；
- 音量和声调的清晰度减弱，特别是在每句话的末端；

- 错误使用强调和停顿来强调要点和重点陈述部分；
- 地方或者区域口音让一些学生难以理解，特别是那些来自国外或者有听力困难的学生；
- 低头或者一直看着黑板或屏幕，或是只对着备课本或电脑朗读，讲座的时候不面对学生。

说话的速度

许多新教师经历过的最常见的问题就是在讲座语速方面犯错，大部分情况下是讲得太快。这通常可能是因为他们过于紧张，在讲座开始的时候更加明显。另外可能还因为在有限的时间内有太多内容需要讲述，所以越到后面讲得越快，这其实在准备讲座的时候就该加以注意。当然，有些讲授者放慢速度，是用来强调重点，或是在讲述时自己明显不确定因而有些犹豫。讲述的时候要想达到合适的语速，需要对重点有清晰的了解，也需要花一些时间，在实践中逐步锻炼和总结。

你是否知道自己的缺点在哪里呢？如果你不知道，把你的讲座拍摄下来或者录制你的声音，然后批判性地去审视自己的口语表达，这对改进讲座速度非常有帮助。当然，你也可以邀请同事去观察你的一堂讲座，让他们通过观察学生的反应（学生是否能跟上你的进度），然后给你一些反馈。

口头语言

自然的口头讲话与书面文本和手稿的朗读有很大差异，这些差异主要来源于书面语言和口头语言形成的明显不同（Chafe and Tannen，1987）。讲授者使用主谓语都靠近句子开端的短句更易于学生聆听和理解；多层次复杂的句子通常有很多分号或者"和"等，容易使学生误听或者误解。讲授者很难流利地表达更长和更复杂的句子。直接对着笔记本、手稿或者电脑屏幕朗读，会阻碍讲授者与学生之间保持良好的眼神交流，给人的感觉就是讲授者只是在"和自己谈话"，而不是在和学生交流。

组织词语和句子

在一些过于紧张的讲授者口中,一些简单的词语可能会突然变成绕口令,因此,讲授者非常有必要去考虑如何选择语言,尽量避免选择那些可能比较难发音的词语(特别是在讲座的开始)。如果不可避免地遇到比较难的词语,在处理这些词语的时候做一点停顿会很有帮助。如果有必要的话,可以把词语写在黑板上,以帮助学生正确地书写。那样的话,学生可以通过视觉和口头交流两方面获得理解,也能减轻讲授者的压力。幽默的使用也很有帮助,如讲授者可以评论说这有点像拼一个绕口令,也可以邀请学生来尝试朗读。所有这些都是为了减少讲授者着重"表演"的策略。当然,讲座在很大程度上很像戏剧活动,讲座显然受到听众规模、讲述材料、学生和讲授者期望等因素影响,同时也是由个人喜好的讲座风格来决定。

照料好你的声音

你拉紧声音以便使嘈杂讲座大厅内的学生听见,一到两个小时连续不断没有休息的讲解,暑假休息之后的9月份每天都要上课,对于教师这些都不足为奇。所以,教师经常会因为声音和喉咙方面的疾病(如喉炎和声带小结)去医院看医生。

哪些因素会影响你的声音呢?
- 温度;
- 干燥和灰尘的环境(包括空调);
- 咖啡因含量丰富的饮料和含酒精类饮品;
- 咳嗽和感冒;
- 疲劳;
- 讲座前暴饮暴食(特别是辛辣食物和乳制品);
- 荷尔蒙的改变(如怀孕导致);

- 压力和伤心（如丧失亲友导致）；
- 紧张和沮丧。

声乐教练建议，当讲话的时候我们应该润滑声带，因此，做讲座的时候带一杯水非常重要。在讲座之前，放松并慢慢延伸肩部和脖子部位的肌肉，以此来放松咽喉部位的肌肉。有些讲授者也会用其他方式为声带预热，一个常见的方法就是通过元音（A, E, I, O, U）发音来做声音练习，嘴巴夸张地读出每一个音节的发音。

需要尽量避免：
- 烟雾弥漫的环境；
- 强迫性地压低音量（可以轻缓地说）；
- 频繁的清嗓或者咳嗽；
- 睡觉时候整晚开着中央供暖系统（在睡觉房间的发热源旁边放一盆水或者在上面放一块湿布，那样会增加湿度并防止咽喉干燥）；
- 含服过多药物和薄荷之类的咽喉含片，这有可能掩盖咽喉不适，同时可能给你的发音带来更大风险；
- 频繁地大喊大叫；
- 漱口药有可能会让你咽喉发炎；
- 上气不接下气地说话；
- 讲座前晚奶酪和酒的摄入。

讲座时声音方面的常见问题

讲座的时候讲授者要面对一系列的问题，因此，讲座时讲授者的声音听起来可能是：
- 战栗的；
- 富于攻击性的；
- 单调的；
- 气喘吁吁的；
- 胆怯的；
- 厌倦的；
- 难以置信的，甚至虚伪的。

> 思考片刻：
> 这些问题是否影响过你的声音？

传播你的声音

做讲座的时候，讲授者应尽量让自己的下巴和脖子保持舒适，两者可以保持放松的直角来避免绷紧和劳累（同样的原因，用你的下巴夹着电话持久聊天儿也会损害你的声音）。为了达到这点，可以从听众席当中寻找两到三名友好面孔的学生，与他们在讲座大厅内进行眼神交流并环视全场；应避免一直低头看笔记本或自己的鞋子；在比较陡峭的讲座大厅里做讲座时应避免一直伸长脖子。

寻找适合自己的姿势和平衡点。大部分演讲者发现下面这两种姿势更加容易：站直，肩膀放下并轻微靠后，这样展开前胸，能更加有效地呼吸；把重量放到脚上，肩部保持舒适的宽度，最后放松并且放缓膝盖。

尽量避免可怕的单调声音，有意识地去改变音高，一个建议就是在讲述一个新观点的时候来改变音高。停顿也可以帮助讲授者自然地监测和改变讲座模式。

我们的声音随同呼气发出，试图一口气说一个长句或者说得太急促，可能会导致气喘吁吁。如果发生这样的情况，保持从容并暂停一会儿，也可以在继续讲座前做一个深呼吸。

讲授者应避免通过大叫或抬高声音来获得学生的注意。如果你组织了一个"课堂讨论"或者"讨论小组"（见第八章），在学生开始对话之前应先同意他们讨论，当讨论进行到一定程度时你可以打断学生的讨论，重新开始你的讲座。对一大群人来说，较好的办法是选择一个可以看见的手势来告诉他们停止说话，如按照明灯的开关或者打开投影仪的背灯。平稳的讲解和清晰的发音会使学生听得更加清楚并加以理解，这比提高嗓音的效果更好。所以要说得清楚而慢速，而不要大声叫嚷。

如果我们不敢直视听众，或讲话的音量很小，或触碰自己的脸，或用手盖着自己的嘴巴，这样会使我们看上去好像自己都不相信自己所说，或者所说内容是不真实的。这种不自信的讲座方式，通过良好的与听众的眼神交流可以加以避免，同时要确信讲座材料的准确性。这需要排练和实践。我们可以自己从镜子中看自己的表情，更好的方式是录像，看看自己是如何做讲座的。看完录像后，你可能会惊讶，因为你发现自己看上去没有想象的那么紧张，你可能还会发现录像中你讲话的语速比你大脑中想象的讲话语速要快许多。

如果你认为你的声音天生较小且轻柔，担心不能被整个讲座大厅的学生听见，那就使用麦克风。绝大部分讲座大厅都安装了这个设备，如果没有的话，可以和视听服务部门联系。他们也许会为你提供可以携带的无线扩音麦克风，无线麦克风便于你自由地走动，这样你就不再会被麦克风的线牵绊在那里不能动。无线麦克风通常包含一个小型送话器，可以直接放入你的口袋，另外还有一个小的麦克风可以夹在离你衣领不远的衣服上。当你使用无线麦克风的时候，要考虑一下穿什么样的衣服便于夹带而且能保持舒服。当打开传声器，把信号送到接收器系统时，也可以根据具体的需求开关或调整输出的音量。在使用之前最好检查一下设备，如邀请同事坐在讲座大厅的后面，听听声音是否能听清楚。

寻找个人风格

　　我感觉我自己做什么事情都想不同凡响，我说话的方式有点夸张，甚至我走路的方式和对事物的看法都与众不同。所做的讲座的规模越大，我感觉自己越像是在表演。

（新教师规则）

　　当我们阅读与做讲座相关的教学和学习的内容时，其中提的最多的就是要形成自己的教学风格。新教师可以观察其他人是如何做讲座的，思考角色模式，牢记在讲座中获得的经验，为之后的讲座提供想法。在工作中形成个人的优势非常重要，要将技巧和实践与最恰当的材料和情境相结合，从而形成自己的教学风格。

　　一些讲授者喜欢通过讲些笑话或播放卡通来获得好的效果；一些

讲授者希望整场讲座由自己一个人主讲,中间伴有一些互动项目(如练习或公开讨论);还有一些讲授者常常通过播放音乐来营造某种特定氛围,给学生短暂的放松或强调某一学习要点;有些讲授者上课时只根据他们的多媒体辅助材料和讲义材料,偏好于固守讲座计划;有些讲授者做讲座的方式比较灵活,喜欢更加自然地讲述讲座的某部分。

有些人比其他人更加外向,教学中可以通过让一些学生做一个足球风格的"墨西哥人浪"来演示神经突触是如何运行的,当然这可能不适合每个人。你应该找到属于自己的、不会削减你的能力的方式去经常创新和实践。如果你是那类不经常讲笑话的人,不要选择站在周一上午,当你站在讲台上面对200多名大一新生的时候,尝试去讲一个笑话。

随着自信心的增加,新教师会逐步形成自己的风格。在讲座中尝试不同的方法,观察学生的反应和他们的学习效果(参考第十一章)。

留下良好的印象

着装要求

在做讲座的时候,许多讲授者如果依照特定要求进行穿着,他们会感觉更加自信和舒适。许多有经验的讲授者在参加教学和学习研讨会的时候,会讲述他们自己做讲座的时候会如何着装:

我一般穿夹克,那样让我感觉准备充分,并且很专业。

给医学工作者上课的时候我一般不穿牛仔,当在病房和诊所工作的时候他们看上去很精干,我感觉我也要和他们一样。

我的一些同事做讲座时会穿西服,但是我想看上去更加容易接近一些,所以我想穿得更加时尚和休闲一些。

当我紧张的时候我的脖子会变红,所以我一般穿高领的衬衫以便能遮挡,这样让我感觉更有自信。

我夜校的做工商管理的学生一般都直接从上班地方过来,穿西服来上课,我也要相应地进行着装——我认为这个关系到信任。

自我介绍

我们经常被告知,不论是会见他人还是参加面试,第一印象非常重要,在教学中也是如此。

当你观察不同讲座时候,你会注意到讲授者的开场方式通常能表明他们不同的个性和价值观。当然,讲授者的自我介绍方式也会根据具体情境而有所差异,一个正式的开场白:"大家好,我是来自历史系的格林博士。"这对给新生的大班讲座可能更为合适。同一位讲授者,在给大四学生上小班课或者给夜校成人学生上课的时候,他可能会说:"上午好,我是乔,接下来的三场讲座由我来讲解。"

采取正式还是非正式的方式,也取决于我们的经历和文化。一些年轻的讲授者可能会选择相对正式的方式,这样让他们感到更加自信,并能保持合适的师生界限。一些刚在国外接受过教育的讲授者可能会发现缺乏清晰的"进入规则",开始有点畏惧,有效的方式来获得洞察力并帮助你决定你所期望的,就是在学校或者系部观察你的同事,这样也可以获得有关社会规则的提示。

最后的思考

我们对学生的所说所讲,是表达我们自己的观点、价值观和准则。在大型讲座中,我们不可能通过改变我们的方法去迎合个别人的要求,但是我们可以表达我们对话题的激情和对学习者的尊重,如果能成功做到这些,我们会发现学生会容忍我们讲座中的小缺点和小错误。

> **反思:**
> 你想如何被你的学生看待?
> 思考一会儿并在笔记本上列出 4~5 个形容词,用来描述你希望你的学生如何看待你的讲座,想想你如何在讲座的前几分钟就能开始传达之前列出的特征,例如在开始介绍你自己或你的讲座的时候。

 扩展阅读

如你想了解更多关于本章话题的内容,或者想得到更多切实可行的或技术性的建议,下面我们提供了少量的阅读书目,从中可以找到一些有用的信息。本书后面还有更详细的参考书目。

[1] Brown, S. and Race, P. (2002) *'What Can You Do in Your Lectures?'* in *Lecturing: A Practical Guide*. London: Kogan Page, pp. 62-79.

[2] Davies, G. D. and Jahn, A. F. (2004) *Care of the Professional Voice: A Guide to Voice Management for Singers, Actors and Professional Voice Users*, 2nd edition. London: A & C Black.

[3] Massey, A. (2008) 'Looking after your teaching voice' www.authenticvoice.co.uk/ATRES-voicecare-2008.pdf.

第五章 紧张、焦虑和纪律问题的处理

导言

即使是经验丰富的讲授者,给大班学生做讲座也可能导致他的肾上腺素分泌的上升。对那些新教师来说,则有可能导致他们焦虑,甚至恐惧。在做讲座时如何有效地应对焦虑,这方面很少受到重视,但是如果需要做一个好的讲座,应对焦虑也是需要考虑的重要因素。加德纳和利克认为公共演讲是导致教学焦虑最常见的起因(Gardner and Leak,1994),因而本章在这里讨论如何管理紧张和控制教学有效性。

与焦虑相关的是学生在讲座中的糟糕表现所导致的恐惧,特别是在大型讲座中,虽然不是很普遍,但是纪律问题确实在不断增加。因此,本章也会探讨讲座中的纪律问题,考虑如何避免和处理这方面的问题。

紧张和焦虑

对我们大多数人来说不是要消除紧张,而是让它掌握在可控范围之内。一些全球知名的表演家承认他们也曾经历过"怯场",尽管他们已经在舞台上表演过很多次,但是观众却完全没有察觉到这点。有记录表明,高校教师在教学活动中也会感觉到高压和焦虑(Blix et al.,

1994)。所以并不是你一个人如此,有紧张感是可以理解的,也是正常反应,了解这些可能对你有所帮助。

一些公众演讲培训者说,演讲者出现轻微的脸红和发亮的眼神,这些紧张是合理的反应,有时还可以增加演讲的吸引力,这对演讲可能还有帮助。但是,演讲者出现像颤抖、流汗、蹒跚等现象肯定对演讲没有帮助。所以,什么东西都有个适度的问题。

不同的人紧张的反应也不同,所以对刚入行的教师来说,要做的就是首先要了解自己,可以留意一下在怯场前自己有没有发生什么变化,你也可能有过下面一些常见的紧张征兆(见表5.1)。

表 5.1　常见的紧张征兆

当焦虑或者紧张的时候你会:
- 口干
- 手心出汗
- 手冰凉
- 手或手指发抖
- 恶心、忐忑不安
- 心跳加速
- 膝盖颤动
- 脸红
- 说话口吃和混乱

焦虑的原因

在演讲和做讲座时,主要有几种常见的原因导致焦虑。
- 缺乏自信。

听众是否对这个主题了解更多？其他人是否才是更好的演讲者？
- 陌生的环境。

多数人都不会花费大量时间站在其他人前面正式演讲。很少有人每天站在整齐地坐在座位上的200多位学生之前。
- 脆弱感。

你一个人站在那里并且是大家关注的中心,观众会评判你的表现,当你考虑这些时,你很正常地会感觉自己有点孤立和被暴露。
- 感觉不自然。

你可能对自己的口音、声音的音调和外表感到害羞。
- 害怕犯错。

很多演讲者害怕自己会忘记要说些什么或者说话结结巴巴。他们也可能担心言语上是否会冒犯他人，或者使用政治上不正确的语言，或者说一些错误的东西。

控制紧张的策略

控制紧张通常有两种简单的策略：隐藏紧张的反应和减少紧张的影响。

隐藏紧张的反应

- 如果口干，带上一杯水用于啜饮，常温的矿泉水比冰冻的汽水（有可能引起咳嗽和打嗝）更好。
- 如果你知道当你紧张或者尴尬的时候脖子经常绯红，穿宽松点的、舒适的，并可以遮住你脖子的衣服。
- 如果你知道你的手会颤抖，不要用手拿着讲义的稿纸，那样会放大你的战栗。

减少紧张的影响

- 发展呼吸技巧来控制心慌和急促的心跳。
- 减少饮食量来避免恶心。
- 充分准备和实践讲座的开端来避免混乱和口吃。

当然，可能也有其他的方式可以减少焦虑。

讲座之前

尽量好地对待自己，尽可能地移除干扰你的各项因素。在讲座大厅保持舒适,掌握使用各种设备的方法,系统地组织教学材料和讲义,对讲座内容的准备和知识有足够自信。

找到有助于准备和实践讲座的方式,这当中没有比较有效和便捷的规则,但是一些讲授者喜欢:
- 学习他人介绍的方式;
- 不看讲义去练习,使用关键词和视听设备来提示自己;
- 在镜子前练习;
- 在教室或者讲学大厅对讲座做全程的排练;
- 邀请朋友来看正式讲座前的排练,并请他们给出反馈意见;
- 给整个讲座过程录像,虽然这个观点听起来有点吓人,但是却很有帮助,可能你内心比较紧张,但是从外在看起来你表现不错。

当我开车去上班的时候,我在车内和我自己说话。在等待交通指示灯的时候,虽然其他司机把我当作怪人看待,但是这确实帮我规划出许多开场的简单句子。

(生物学助教)

尽力找到相关学生听众的信息也很有帮助。他们的兴趣和动机是什么?他们的担心和困难之处在哪里?你在做讲座时是否有捣蛋的学生、迟到者或喜欢打断你讲话的人?上述情况如果发生,你是否深入思考过如何处理这些难题?

减轻压力

记住做讲座的目的也很有帮助,你站在那里是为了帮助学生学习,而不是在做奥斯卡演讲。你要尽量和学生进行沟通,你会和他们进行对话,对话过程中,人们经常犯错误,纠正自己,然后继续,这个并不会带来很大影响。如果进一步考虑你只是公共演讲里的一部分——和学生进行谈话的角色,你可能压力更小,更能自由地去表达自己。

如果你觉得你是个特别容易害羞的人,或认为做讲座让你很害羞,你可以假装很自信。你的学生不会发现你是假装的,如果他们不担心你的话,那么他们也会更加轻松自在。

> 我知道我是怎么做的：我从模仿别人那里获得很多。我特别敬佩萨拉，特别喜欢她讲座的方式，她看上去很放松、自信而且平和。我设法改变多点来向她靠拢，尽量像她那样放松和自信。
>
> （一位护理从业者）

经验丰富的讲授者通常会评论到，在做大型讲座的时候他们经常采纳有点"英雄式"的人格。这样在做讲座的时候他们更像在表演或者在舞台上演戏，手势和动作可以夸张点，声音也需要更加清晰，视听设备的指向可以更加夸张等。装扮成一位口才流利并自信的演讲者只是其中的一部分。

讲座前的时刻

对新教师来说，讲座前半个小时可能是最有压力的时候。有些新教师喜欢把自己关在一个安静的地方，安静地思考所有的讲义材料，其他一些新教师喜欢一直保持忙碌直到上课的时候。你适合哪种呢？

不要忘记呼吸技巧

在大家生命当中99.9％的时刻都不会考虑呼吸的行为，当你突然要站在讲台上上课的时候，呼吸成了一个困难的行为。当紧张的时候，许多讲授者呼吸短而急促；当开始讲授的时候，有些人想说些比较长的句子，但因为呼吸而只能说到中途就停顿。

闭上眼睛，把手放在胃部，简单地去想象，去慢慢地吸入和呼出，直到满意的深呼吸；通过鼻子吸入，通过鼻子和嘴巴呼出，这是可以让人变得非常平静的技巧。

表5.2给出了做讲座时如何恰当呼吸的一些技巧，这是来自宾夕法尼亚大学给学生做讲座时的指导材料。

表5.2 宾夕法尼亚大学有关正确呼吸技巧的指导材料

讲座时正确呼吸
- 你的声音依赖于你的呼吸。开始讲话前吸气,当呼气的时候用气息来帮助你说话。(当休息的时候,吸入和呼出的时间大致相等;当说话的时候,吸入更快而呼出更慢)
- 在句子与句子或短语与短语之间吸气,不要等到上气不接下气的时候才吸气
- 因为紧张,你的呼吸可能放慢或者加速,这样的改变从生理上会加重焦虑感。如果你注意到自己紧张、头晕或者思维模糊,做几个深呼吸,确保能够继续保持正常的呼吸速率
- 培养控制你咽喉、胸部和胃部张力的意识,张力会干扰你的呼吸和声音
- 通过扩展支持声音的呼吸量来增加你的音量

(资料来源:http://www.sas.upenn.edu/cwic/resources.html)

放松技巧

紧张可能更容易集中在身体的一些常用部位,而脖子和肩膀区域似乎特别容易受到影响。把肩部拱起,轻轻地绷紧肌肉,然后往下拉,呼气并放松,如果你焦虑的话,这样可以让你放松。

身体上第二个比较明显表明你紧张的部位是膝盖。当身体紧张的时候它似乎要"关门",让讲授者的身体变得僵硬和尴尬。当讲座开始的时候,检查你的膝盖,并放松它们,让膝盖轻微弯下,身体能找到更加舒适的姿势和保持自然平衡。

放松声音也非常重要,你可以通过哼唱高低音阶或者"A,E,I,O,U"五个元音来放松你的声带。

渐进(肌肉)放松

埃德蒙·雅各布森博士于1929年第一次描述了肌肉放松的技巧。这一方法主要聚焦在不同的肌肉部位,通过肌肉收缩并有意识地去放松。这个技巧开始于挤压你的脚趾和脚底,从1数到10,然后放

松。对你小腿部位重复挤压和放松,一直到你的身体,慢慢地从身体一个部位放松到另外一个部位。随着你的紧张感从每一个肌肉部位消失,然后放松,这样你可以感觉到轻松的波在你体内升起。这一放松技巧通常也运用于健身或瑜伽的最后部分。

最初五分钟

对新教师来说,最困难的时候是讲座开始的时候。刚开始时可能比较难,但是随着讲座和节律的开始,便很快会忘记紧张。为了帮助大家克服刚开始时的困难,下面的提示可能会有些帮助。

如何度过开始的几分钟

- 如果可能的话,在学生到教室之前到达教室,那样你可以先和每个学生打招呼,而不是同时给一群人打招呼。
- 开始时先说些不重要的,来测试一下你的声音的大小并检查设备是否能用(如可以说"大家早上好,后面的可以听到我的声音吗?")。
- 讲座之前先播放视听设备,那样学生都看视听材料,而不是看你,可以帮助你减少被暴露的感觉。
- 在听众当中寻找三到四个友好的学生,他们可能会对你微笑,鼓励你和他们进行眼神接触。
- 避免手持讲义和教鞭,那样会夸大你的摇摆和晃动。
- 如果你的膝盖或脚颤抖,可以靠在讲台或者桌子上,这样也可以帮助你把重力从一只脚换到另外一只脚,或者走一小圈。

大部分演讲者发现他们的"演讲步伐"过快,做讲座时从不回顾一下。在很少的情况下,讲授者可能会失去方向,忘记下一步该讲什么,这可能发生在当一些事情干扰他们的时候,如学生迟到、提问或者手机铃响等。所以,如果是容易紧张的讲授者,就要确保自己已经准备好发生如上情形时的应对策略,因为紧张的时候比平时更容易出现头脑空白。

如果你头脑空白

把讲义编排好非常关键,这样可以更加容易操作和移动。新教师通常希望拿着所有的讲义讲稿,甚至希望把手稿也带上。然而,当讲座开始以后,讲授者只是偶尔粗略看看这些讲稿,有时候甚至都不看,这些讲稿存在但是不一定被参考,这可能让讲授者感到高兴。如果讲授者头脑真的一片空白,随着讲座的进行,讲稿可能次序混乱,因此,能够快速找到讲稿非常重要,这样可以帮助讲授者重新快速回归讲座。用不同颜色标明关键词的索引卡或者对视听辅助设备编号,这两种方式可能也有帮助,采用幻灯片中的笔记功能来包含讲稿也能提供帮助。

如果你喜欢在全场走动,那么在翻转图或者黑板上写评论,把讲义放在讲台附近也有帮助,如果失去头绪的话,你要知道从哪里找到帮助。

每一课我都会写好每一个阶段的路径,然后在讲座中根据每一个阶段去解释。这样我不会忘记该讲述的材料,也不会把顺序弄错。我把每一个阶段的第一个大写字母做好笔记放在翻转图折叠页后面,当我站起来写字的时候只有我能看到。一般情况下我都能记住,但是知道有这些东西在,会让我大脑更加放松。

(生物化学教师)

讲座变得更加容易

讲座实践得越多就越容易,有时候一小剂量的肾上腺素有可能增强讲授者的能力,促使其做一场好的讲座,当然让使其衰落的焦虑除外。所以要鼓励新教师尽量多地去寻找机会做讲座和演讲,通过经历来增强自信。毕竟,压力一般产生于常规经验之外,一般不会产生于常见的情景之中(可以参考第十一章)。

管理和纪律问题

许多讲授者从没有碰到过捣蛋、粗鲁和挑衅的学生。然而有时候,个别的、比较特别班级的学生,有可能用他们的动作和行为来挑战讲授者。讲授者碰到最常见的小问题包括:学生迟到、捣蛋、讲座中途手机响起、后排的学生闲聊或者互发短信。以上行为比较气人,有必要把这些不礼貌的行为消灭在萌芽状态。但是如何去做,很大程度上取决于讲授者的自信和人格。下面是几个讲授者处理问题的案例。

讲授者 A 正面直接地面对问题:

我不喜欢在讲座的时候手机响起,请大家确认手机关机,到时候如果响起,那么请你离开。

讲授者 B 请求学生理解和同情:

我觉得手机在上课时候响起非常令人不愉快,也经常导致我思绪中断。请问当你讲座的时候碰到这种情况,你的感觉会如何?所以请大家把手机关机。

讲授者 C 使用班级公众的观点:

上周我的讲座被两个手机铃声给打断,之后很多同学就此对我抱怨。请尊重同学们在我课堂上学习的权利,所以请确保你的手机已经关机。

当一个学生已经在上课时候接电话,讲授者 D 采用幽默的方式缓解紧张气氛:

嗨,我能说几句话吗 ……哦,你好,约翰妈妈,非常抱歉,约翰正在上我的课,他这个时候有点忙,您能等会儿打给他吗?谢谢,再见!好,各位同学——让我们确保刚才的事情不再发生,如何?否则不知道到结束的时候我在和谁说话。

有一点比较重要,也能让你更加自信,那就是你的学生也通常希望你能够掌控现场秩序。如果你不能"迎着困难"并有效地管理捣蛋学生,事实上其他学生会感到很沮丧。绝大部分学生都会听从你的指挥并支持你对那些影响大家学习的学生的处理。

通常情况下,在讲座大厅要尽量避免产生冲突,而且尽量不要发怒,要保持专业精神。讲授者发怒的场景令大家很尴尬,严厉的训斥学生并不能获得尊重。

讲座中的干扰因素将对讲授者产生什么影响也值得考虑——让讲授者感觉如何?有些讲授者对那些问题学生会感到生气;有些讲授者觉得有点害怕;还有些讲授者会自责(从某个方面来看,我所做的什么导致这样的事情发生?)管理困难情境涉及管理我们自己,因为我们自己是情境中不可分割的一部分。

讲授者可以通过以下几个方面来维持和掌控讲座:

- 建立自己在努力、兴趣和教学热情方面的名声;
- 建立自己公平公正的名声;
- 主题、设备和课程等方面的知识;
- 聚焦学习成果和学生所需要学习的知识;
- 对权威挑战进行及时和公正的反馈。

记住,好名声需要花很长时间来建立,但是很短时间内便可能丢失。

政策和情境观点

在决定如何面对学生一些行为的挑战时,在确定可以采取的回应之前,鲍姆(Baume,2004)提醒讲授者需要考虑什么是可能的,什么是需要考虑的,在讲座中如果能预见纪律问题,你应该考虑如何处理:

- 学校是否有针对相关"行为"的政策?
- 学校是否有任何体系来记录"不好行为"?
- 如果你叫学生离开,是否受到学校支持?
- 你是否要上报相关事件?向谁汇报?
- 让学生离开的结果将如何?

在踏进教室之前,让学生知道你有什么限制,这个很重要,你有可能超越了学校给你的权力,这可能会带来讲座之外的其他问题。

后排聊天

讲授者可能要面对的最常见的纪律小问题就是学生之间的闲聊。比较奇怪的是,他们似乎意识不到你能够听到他们说话,置之不理的话你可能认为有碍课题。学生认为这么大的讲座大厅,他们几乎不被看见,却不知道你站在讲台上其实可以看到包括他在内的每一个人。当他们聊天儿的时候,你会做出什么样的选择呢?鲍姆(Baume, 2004)为我们提供了一系列的应对方法:

- 不加理会;
- 停止说话,等待安静;
- 盯着聊天儿者,等待安静;
- 降低音量;
- 提高音量;
- 礼貌地提醒聊天儿者;
- 稍停一会儿,然后向聊天者提问;
- 直接面对聊天儿者;
- 提高程度,指出违反纪律将采取严厉惩罚(但是你需要做好执行的准备)。

> **思考片刻**
> 上述方法中你赞同哪些,反对哪些?
> 你喜欢的方法是哪种,为什么?

考虑你的选择: 赞成或反对

- **不加理会**

如果你觉得你是唯一受干扰的人,这可能是最好解决的,与其发怒倒不如拖延。但是如果你能听到，其他学生也可能能听到他们说话，并被他们干扰，如果你对此不加理会，可能暗示其他学生讲座时候聊天儿没有什么，这也可能会鼓励其他学生上课时候说话。

■ 停止说话，等待安静

当有学生说话的时候你中断讲座并扩大该行为的影响是一个有效的策略，让这些学生知道他们闲聊这件事事实上是"看得见、听得着"的。不直接指出说话者是谁，对他们也有好处，这可以使闲聊者觉得你并不认为他们是有意干扰讲座。

■ 盯着聊天儿者，等待安静

如果你觉得聊天儿者完全知道自己的行为可能会干扰讲座，而且非常不礼貌，却还在继续聊天儿，这样做是最佳选择。另外，其他学生也会跟着你去凝视聊天儿者，这样也给聊天儿者带来同伴压力。

■ 降低音量

这是调动同伴压力的一个有效方法，专心听讲的学生不堪忍受后面学生喋喋不休的聊天儿声，他们都会要求说话学生保持安静——教室会响起"嘘——嘘——"声。

■ 提高音量

这个方法可能在短时间内能盖过聊天儿者的声音，但是长时间看效果还是不好，而且会过度拉紧你的声带。

■ 礼貌地提醒聊天儿者

"对不起，当别人说话的时候我不能集中注意力讲课——请问可以保持安静吗？"这个方法能让你直接面对问题，但不是针对个人的责备。

■ 稍停一会儿，然后向聊天儿者提问

这种方式是将提问作为对闲聊者的惩罚，如果你希望通过问题来针对他们，也有问题，因为这有可能让聊天儿者当场陷入尴尬——这个是你所想要的吗？

- 直接面对聊天儿者

如果你觉得聊天儿者在毫无顾虑并肆无忌惮地说话,这个办法可能是最佳选择。这样可能让他们感到吃惊并且从一定程度让他们尴尬,并有些不自在地重新开始听讲。但是很少情况下会发生学生直接挑战老师的情况。

- 提高程度,指出违反纪律将采取严厉惩罚
  (但是你需要做好执行的准备)

当其他所有策略都不起作用的时候,这个方法是最后的手段。你第一次做讲座学生就比较吵闹,当然这个发生的可能性不大。当你开始考虑在讲座中采取这个行动时,你要慎重,考虑这样做在你所在的学校(系部)可能带来的结果,当你做出一项选择的时候你是否会获得支持:

——请扰乱讲座纪律的学生离开。他们是否会离开,如果他们不离开该怎么办?

——你停止讲座并离开。如果你真的需要这样做的话,在之前一定要进行提醒,并且要考虑其他遵守纪律、付了学费的学生,他们可能抱怨你停止教学。

如果你采取了威胁行动,但是学生还继续闲聊的话,你需要执行,否则你就会失去所有可信度。所以,在使用这个办法前一定要三思。

如果像这样的事情发生,你需要告知课程负责人或系主任。你也可以尝试和其他学生沟通所发生的事情,获得他们的看法,来看看这些困难局面是否可以避免,或许你可以从中学到在未来避免此类困境的有效办法。

与担任同一班级教学的其他教师沟通,分享经历并了解他们是否有同样的困境,了解他们是如何应对的。

不论你做出什么样的选择,控制局面和平和心态非常重要。

另外,要想在短时间内"获胜",你可以说:

现在大家要注意,下面所讲的通常出现在考试中!

这一策略几乎任何时候都奏效。但是你所传达的信息也包括"其他我所讲的都不大可能出现在考试中"。这个方法只是提高学习积极

性的外在方法，从长远来看，对深入学习没有太大帮助。

迟到者

学生迟到，可能导致讲授者结结巴巴或一个令人不满意的开始，有些讲授者感到中途被打断会加重他们在讲座开始的紧张感。许多大学和学院都有相关的政策条文，条文中会提供获得帮助的范围，例如，在开始讲座 15 分钟后禁止人进入讲座。新教师（兼职教师）要确认自己对迟到者采取的措施与学校政策吻合，当学生向学生咨询委员会投诉的时候，他们坚决的行动才会受到支持。如果所有同事都贯彻，学生听到的规则也与讲授者采取的措施一致，那么每位讲授者对迟到学生进行有效管理将更加容易。

从学生那里找出他们为什么迟到也是个好方法。有些可能是不可控时间，如上一场讲座的教授经常拖堂，或者他们之前在学校另外一端上课，下课之后他们需要急奔到这一端来听你的讲座。类似这些情况下严厉责备这些迟到者非常不公正，所以需要采取其他方法，如咨询拖堂教授或与安排上课时间的负责人沟通更换讲座地点等。

在遵守时间上，讲授者树立良好的榜样也非常重要，如果连讲授者都经常迟到，就很难要求学生都准时到达。此外，当要结束课程的时候，提前 5 分钟要优于延迟 5 分钟。

提前考虑，避免问题

作为讲授者，保持一个可以让学生学习的环境是你的部分职责。当一小部分学生在闲聊或捣蛋时，班上大部分学生都期待你能采取措施。如果你不能控制纪律，那么你将会失去信任，并将出现进一步的纪律问题。你忽视不理的话，纪律问题一般不会自行离开。很多情况下采取一些办法可以让学生闲聊问题加以避免，如鼓励学生在讲座大厅的前排就座。

当我在大教室做讲座的时候，我通常提前来到教室，然后站在阶梯教室中间的位置上，当学生进来的时候我和他们打招呼，然后叫他们在我前面的座位入座，而不是在后面。

（教育学研究生班导师）

我第一次做讲座时是在一个很大教室里，看上去就很害怕。有些学生直接坐在后面，这让我感觉很不舒服。第三周的时候，我鼓起勇气叫他们往前移，他们不怎么想移动，但是我坚持要他们往前坐，现在直到学生往前坐我才开始讲座，接近了我的预期目标。

（历史教师）

去年我碰到一个可怕的教室，教室长而且狭窄，扁平的房间和枕头大的讲台只能让少数学生看到。班上有120名学生，有少数学生非常非常无礼，边说边漫步进来，他们一般都坐在教室后面，我想，他们认为我看不见他们。我想我应该做点什么来阻止，但是不确定如何去做。然后我尝试去旁边的教室上课，并取得一些成果。之前坐在后面的学生一下子都坐到了前排，靠近那些潜在的麻烦制造者，让我感觉情况可控并且自信。

（护理学教师）

如果教室位置允许，站在那些看起来似乎不大认真听讲的学生旁边，这样可能促使他们更加集中精力听讲。

同情(共鸣)

有些学生学业失败有时是完全合理的，如条件较差的教室、重复的课程和松散的课程框架。如果你只是兼职教师，课程是由其他教师设计和组织的，上面一些问题就有可能发生。你需要预测学生的愤怒和质疑，承认真正的困难所在，并把这些反馈给那些能做出改变的人。有时候你还需要向学生解释相关情况（如"对不起。我们之前本来是安排在一个大的教室，但是电灯保险丝坏了，所以这周我们要充分面对困难情况——非常感谢大家的耐心"）。但是，一定要保持你的专业态度，不要在学生面前去贬低其他同事。

有些学生的行为可能看上去很奇怪和与众不同，记住，这些可能

是他们的情感或者医学方面疾病造成的,有时候他们可能是一些残疾人士。比如:

> 我任教不久之后,被要求为一年级的学生做几次讲座。班级很大,我有点紧张。第一次讲座进展顺利,没有什么大的问题,但是当学生都离开,我正在整理我的讲义的时候,发现坐在倒数第二排的一个学生正在酣睡,她被我叫醒后离开了教室。我感觉很丢脸,我的讲座竟然这么枯燥。之后我和一个同事谈到这件事情,她说道:"哦,我想可能是那个有嗜睡症的学生。"我那时候都不知道嗜睡症是什么——但是我很快找到一些基本知识,然后问学生辅导员,看看我能不能为这个特别的学生做些什么。

个别学生在讲座中出现攻击性或者不稳定性,有可能危及他自己、其他同学或者你的安全的时候,当然这样的事情极少发生,但是一旦有这样的极端情况发生,应该叫当事学生马上离开并且及时叫来学校保卫人员。如果出现健康和安全方面的问题,应该第一时间处理。

> 教师应该命令那些捣乱或者威胁他人的学生离开教室,命令后如果学生拒绝离开,教师应该叫校园警察来带离学生。

(摘自于加州大学圣克鲁兹分校《课堂处理捣乱学生的教师手册》)

发生上述类似事件应该上报给系部和学校,驱逐学生离开是件比较严重的事情,认真地把所发生的事情记录下来非常重要,并向本校教师征求意见。

出勤率较低

讲授者面临最大的难题可能就是学生的出勤率较低,这已经成为一个巨大的问题,逃课的文化已经在一些学生当中传播。这个问题在全球高等教育系统中都有报道(Clearly-Holdforth, 2006)。学生为什么不上课?研究表明这通常要和当地情况相结合,可能包含学生兴趣和个人动机等一系列因素(Gump, 2006),还包含课程是必修还是选修、时间、对讲座主题的认识、外部责任(家庭或者社区)、疾病或个人问题,等等。

缺勤监测模式表明，星期一和星期五缺勤率最高（Timmins，2002），课程的开始和结尾出勤率可能也较低。

个人缺席的原因可能与一些课程中采取不强迫学生出席的他文化（HE culture）存在关联，这种观点普遍认为"学生都是成人，他们应该决定是否来听课"。事实上，学生缺席通常与"未来失败"相关联，认定"处境危险"的学生正受到挑战。一系列研究试图找出缺席对专业成绩的影响，许多数据表明两者之间有直接的、巨大的关联。

试图找出学生不听讲座的原因是比较明智的，但也的确是比较难的第一步，考虑你能如何影响、改变这种情况是接下来的步骤。有些因素是不可控的，你可能需要告诉班级管理者和课程组织者，以在更长的时间内寻找方法。有些可能是你不能改变的学生自身问题，但是有些你还是可以处理的。

检查缺席一览表

一些问自己的问题：
- 学生是否知道他们为什么来听讲座，该讲座如何与整个课程相结合。
- 学生是否知道他们连续缺席的后果，以及这样做对他们的能力发展会带来什么影响。
- 学生是否知道出席讲座与对他们的测评有直接联系。
- 学生是否知道哪里能使用到他们在讲座、其他课程和现实世界所获取的知识和想法。
- 你的讲座是否提供了"附加值"，或学生是否能从你提供的材料中（如讲座笔记和虚拟学习环境支持系统）获得他们所需？
- 你是否采用了多种不同的沟通方式（如视听辅助设备）？你是否采取合适的方法考虑那些不同能力的学生或残疾学生？
- 你是否在讲座中努力去提供多样的学习活动和激励方式，来保持不同学习者的兴趣？

最终评论

开始做讲座的时候感到紧张是很正常的现象,当你做讲座次数多了的时候就会变得更加从容。友好地对待自己,按照自己喜欢的方式布局,那样你会更加舒适和自信。如果管理得当,对讲座的主题材料掌握充分,对工作沟通充满激情,那么学生的捣乱局面将很少出现。

 扩展阅读

如你想了解更多关于本章话题的内容,或者想得到更多切实可行的或技术性的建议,下面我们提供了少量的阅读书目,从中可以找到一些有用的信息。本书后面还有更详细的参考书目。

[1] Lee, D. (2006) *University Students Behaving Badly*. Stoke on Trent:Trentham Books.

[2] Wallace, S. (2002) *Managing Behaviour and Motivating Students in Further Education*. Exeter:Learning Matters.

[3] Braxton, J. M. and Bauer, A. E. (eds) (2004) *Addressing Faculty and Student Classroom Improprieties*. New Directions for Teaching and Learning, No 99. San Fransisco, CA:Jossey Bass Publications.

[4] TA Handbook (2002) *Disruptive Students*, Centre for Teaching Effectiveness, University of Delaware.

第六章 直观地展示材料并运用好 PowerPoint

导言

　　本章讨论直观教具在讲座中的目的、设计以及应用。认识当前讲座中流行的一款视觉媒体工具,即 PowerPoint,本章主要包括(如何)使用好该工具以及(如何)避免常见的陷阱。但是,我们也着眼于讨论许多其他的视觉展示材料,包括黑、白色书写板,活动挂图,投影仪,录像机,交互式电子白板以及电子白板纸等。

　　在考虑作为讲授者的我们可以任意支配的一系列的设备和技术之前,我们也将重申在展示视觉材料时的一些基础知识,并将其和我们所了解的学习联系起来。

直观教具的选择

　　雷斯(Race,1999)和鲍姆(Baume,1996)都曾强调过根据目的选择恰当的直观教具的意义。在会议上做陈述时,你可能希望给观众留下一个好印象,让自己看起来很专业并避免在陈述中被问题打断。这种情况下,选择使用 PowerPoint 是非常合适的。或者你可能正在给20个学生做讲座,你希望他们在讲座过程中能参与到对话和讨论中,你也希望自己能把学生的观点纳入讲座的材料中。在这种情况下,白板或活动挂图可能更适合你的教学活动。当工程师希望展示一件装备如何工作时,可以在 PowerPoint 中插入动画图解;当兽医学教师在做关于马跛行原因的讲座时可使用马不同的步态视频。

因此,直观教具的选择从根本上来说与目的有关,但也受到学校的规范、资源的可用性、学科学生的期望等影响。直观教具对学习的影响也可能影响对直观教具的选择。

我们可以把直观教具分成两类来思考——一类是那些我们在讲座环节中生成的,另一类是那些我们已经预先准备好并应用于讲座中的。

在讲座中应用直观教具

白板、黑板、活动挂图以及交互式电子白板等都是直观教具中的代表,这些设备便于讲授者或学生在讲座中提供解释性帮助或者事件记录。某些学科的讲授者使用这些设备更加广泛,使用它们在学生面前实时完成解释或者讲解起源、出处等问题。例如,对数学学科,黑板一直是许多讲座中的一个核心内容,讲授者在学生面前解决问题时用来解释解决方法的各个步骤。要做好这些,下面是一些有用的建议。

使用黑板和白板

记住:
- 在开始讲座之前把黑板全擦干净(结束讲座后也要擦干净);
- 把字写得足够大而且清晰,以便于教室后面的学生能看清;
- 文本使用高对比度的颜色;
- 计划好黑板使用空间,以便有足够的空间来完成你的解释,而不需要擦掉依然需要使用的信息;
- 写的同时不要讲,因为这往往会导致你讲授的时候面对的是黑板而不是学生(对于部分依赖唇读的听力困难的学生,或者需要使用肢体语言和面部表情来帮助他们获得完全理解的母语为非英语的学生,这会造成巨大困难)。

讲授者应根据教室应用的设施的性质制定出最有效的黑板空间使用规划。翻板需要提高以保证能见度，尤其是阶梯演讲厅。长、宽型黑板可以轻松地分为几个"页面"，而交互式电子白板可用于打印，课后学生可以下载复制带走，或课后通过他们的课程网页/虚拟学习环境的页面进行链接。

使用活动挂图

固定好活动挂图以便于你能轻松地使用。惯用右手的人通常更喜欢把活动挂图放在左边，因为他们只需要稍微转身就可以在活动挂图上写字，然后看向学生。左手抓紧活动挂图，右手写字有助于写得整齐平稳。

将直观教具应用到讲座中并不意味着它就可以凌乱不整齐。务必把页面设计得精美些，避免文字潦草难懂。使用着重号和间隔以保证每个人都能读懂。不要过于匆忙，如果你觉得太过匆忙而写得不满意，那么接下来用缩略语或者叫学生为你做抄写员（但是记住这位学生也需要时间记笔记或参与讨论）。

巧妙地使用活动挂图可以使页面从视觉上更有吸引力或用来强调学习要点。更多建议请查阅卢卡斯的文献（Lucas，2000）。

在单独的页面上使用直观教具的好处是：你可以撕下来并使其清晰可见，或者把他们放在教室里以便于在接下来的讲座中继续使用。随着电子挂图的发展，这些好处已得到扩展和延伸。通过使用磁电感应和数字化技术，电子挂图使讲授者不仅可以在互动板上写，讲座结束后还可以复制和储存。如果电子挂图与多倍投影测绘仪连接，同时显示几个挂图页面就会很容易，并且在讲座中随时可以在页面之间移动。因此在讲座中，后面阶段需要的东西可以添加到列表中。

电子挂图也可以显示扫描的图像和视频片段，两者都可以由讲师写或画出，例如，标注图表或显示照片或电影片段上的学习点。在书写的时代，大学教室里这些设施是相对比较少见的，但它们正在被引进并有可能越来越受欢迎。

使用交互式白板

交互式白板是一个大型的触摸感应面板，连接数字投影仪与电脑，在电脑屏幕上显示信息。交互式白板看起来像传统的白板并且具有相同的用途。与交互式白板连接的电脑可以通过直接触碰或者使用特殊的笔来控制。

该技术的使用已经在幼儿园和小学取得成功，因为它允许非常小的可能没有熟练的运动技巧的孩子使用它。它也被广泛用于旨在为残疾或学习困难的人士设计的教育计划中。尽管在书写的时代这项技术在演讲厅并没有被广泛应用，但交互式白板或者电子白板已经逐渐应用于高等教育。因为这项技术把传统工具和现代技术结合了起来——黑板和多媒体电脑的所有资源（图表、视频和声音等）——作为一个动态的表象工具，它的应用范围正在迅速扩大。

应用预先准备好的直观教具

高射投影仪（OHP）

在许多现代化演讲厅里，虽然高射投影仪正迅速被可视化工具或 PowerPoint 的使用所取代。然而，高射投影仪依然普遍存在，在此我们作简要的讨论。

机器本身

了解设备很重要。高射投影仪有很多不同的模式，用来聚焦和改变投射光的强度，它们的控制键略有差异。启动的时候移动高射投影仪可能导致灯泡爆炸。许多高射投影仪都有一个备用灯泡，通过关闭仪器，抬起玻璃顶，把第二个灯泡旋转到对面的位置，你可以快速地从一个灯泡切换到另一个。某些老款的机器没有这一设备，因此要么拥有一台备用的高射投影仪，要么有一套应急计划。如果你真的炸了灯泡，别忘了向试听维修服务部报告。

安装设备

尽量倾斜屏幕，使图像的侧面与屏幕的侧面平行并使图像平稳居中。这被称为基本原则。安排好设备和你的位置,这样,你就不会站在屏幕前面,当你指向幻灯片的时候就不会挡住它,学生就能够看到屏幕。

用户的喜好

在电源关闭后把一个醋酸布放到投影仪上可能更好,这样当它照亮时可以完美定位幻灯片,因为在多个幻灯片之间打开关闭机器是非常烦人的。如果你长时间不用幻灯片,最好关闭机器,因为投影仪的冷却风扇通常很吵。

"启示"使观众观点产生分歧,有人喜欢有人讨厌。这种做法需要把一张纸穿过或放在幻灯片下,选择将部分图像隐藏起来不给学生看到,直到你准备好给他们看到时。这有助于将学生注意力集中到正在谈论的相关要点上,并能帮助讲授者控制好节奏。但是,一些学生发现这种隐藏是分散注意力和令人不快的,因为好奇心使他们想知道更多关于隐藏的内容而不是正在讲的。而且在高射投影仪上摆弄那些纸看起来也很笨拙。如果真的决定使用这种方法,最好是把掩片置于乙酸酯之下,或用尺或钢笔压下来,因为投影仪玻璃顶部和内部风扇可能导致掩片偏离预定位置。

一项差不多被 PowerPoint 取代的技术是套图塑料膜的应用。在一系列的解释的步骤中,可以通过把一些乙酸乙烯酯片材相互覆盖来建立复杂的图像。或许最多能够成功完成的套图塑料膜是三个或四个。这个过程已经非常有效地转移到了幻灯片演示中,随着每次增加一点更多的信息,同一张幻灯片可以依次播放多次。对于观察者来说,看起来好像事物都出现在原始图像上。

设计直观教具——基本原理

使用任意一款直观教具的目的都是为了使交流更清楚,以及帮助学生理解并获得信息和观点,因此设计要简单、整洁、中肯。

颜色

在浅色背景下,深颜色(如黑色、蓝色、棕色)内容更容易阅读;可以用更浅的颜色来突出强调要点。有些人更喜欢在深蓝色背景下用白色文字,这一直是一些专业制作的模板偏爱的颜色组合。记住,有些学生是色盲,他们可能分不清红/绿跟黄/蓝。有些学生可能觉得不同的颜色和对比鲜明的组合更容易阅读,例如,大多数有诵读困难症的学生更喜欢浅色背景配黑色文字(而不是纯白背景)。

选择颜色时要考虑的三个要点是:颜色必须和谐,在屏幕上必须清晰易辨,必须与讲座的主旨思想及材料的基调相符。很显然,明亮鲜艳的颜色可能不适合一个丧亲咨询的讲座。选择适合传达信息的颜色很重要。

在金融讲座中想用红色给听众留下稳定繁荣的印象并不奏效。红色有时是危险的象征——负债或亏空。

(Claudyne Wilder)

文字

如果拿不准就让字号更大一些——没有人抱怨文字太大以致读不懂,至少使用 24 号字并且简单清晰毫无矫饰。有人认为无衬线字体(如 Arial)对学生来说最容易阅读,尤其是视力受限制的人。在测试人们在投影屏幕上读不同的字体的能力时,霍夫曼等(Hoffman et al.,2005)发现人们对字体有明确的偏好:

第一,Verdana;

第二,Trebuchet;

第三,Arial;

第四,Times。

这些偏好确实反映了字体类型原始设计的目的,如设计 Times 字体是为了更好地在纸上阅读,而 Verdana 则是为了更好地在屏幕上阅读。霍夫曼发现无论是阅读速度还是阅读准确性,在统计上,读者的喜好似乎并没有显著差异。

是否应用图像和图表

使用剪贴画、图表、示意图以及其他插入的图像来增加趣味。在讲座当中使用图像和图表有许多益处:

- 可以提高对复杂观点或程序的理解;
- 能够吸引并保持注意力;
- 有助于记忆——对一个学生来说,记住直观解释要比一系列文字容易得多；
- 能够带来乐趣并且帮助创造出轻松积极的氛围。

关于在直观教具中使用图表以帮助学习的重要性，李和鲍尔斯（Lee and Bowers，1997）做了专门调查（见表 6.1）。

表 6.1　直观教具中图表使用情况的调查

李和鲍尔斯曾对 112 名大学生做了研究，以确定在下列哪些条件下他们学得最好：
- 只读印刷文字
- 只听口语文本
- 只看图表
- 听口语文本加阅读印刷文字
- 听口语文本加看图表
- 读印刷文字加看图表
- 听口语文本，读印刷文字以及看图表

学生先做了个先期测验，然后学习材料，接着做后期测验。把他们先期测验的成绩与对照组做比较，对照组学生做了相同的先期以及后期测验，但是在此期间学习了不同的论题。与对照组比较，该测验小组成员的表现总是更好。每个学习条件的增长百分比如下所示：

学习条件	结果增长百分比
听口语文本加看图表	91
只看图表	63
读印刷文字加看图表	56
听口语文本，读印刷文字以及看图表	46
听口语文本加阅读印刷文字	32
只读印刷文字	12
只听印刷文字	7

但是，巴奇和柯柏恩（Bartsch and Cobern，2003）发现，当 PowerPoint 演示文稿中含有文本以及无关的图像时，学生在记忆和识别任务中实际上表现得更差。他们总结后认为，加入与主题无关的图像对学生的学习有害无益。因此，无关的图像不仅不能惹人注意，激发思想，反而会减损主题思想和降低学习效果。

研究结果表明，只有跟学习相关时，在直观教具中加入的图表和图像才会对学习有巨大帮助。

PowerPoint——简介

PowerPoint 在 1987 年春季推出。最初只应用在 Macintosh 电脑（苹果电脑）上，并且只有黑色和白色，它的目的是生成可以复制到投影片中的文本和图像。与便携式电脑和投影仪一起，它开始用于现场演示大概是在 1992 年，但即使在早期，PowerPoint 也在同类事物中处于领先地位并且取得了巨大轰动。据说微软花了 1400 万美元买下了 PowerPoint，1990 年，最早应用于 Windows 的 PowerPoint 开始出售，并且它的应用迅速增长。

肯定的学生观点

许多以调查为基础的研究报告指出，学生都喜欢讲授者在讲座中使用 PowerPoint（Harknett and Cobane，1997；Frey and Birnbaum，2002）。被调查的学生认为在讲座中使用 PowerPoint 能帮助他们更好地学习，并为考试做准备。他们还认为 PowerPoint 毋庸置疑地反映了组织技能和讲授者的备课水平。劳瑞（Lowry，1999）对讲座中使用和没有使用 PowerPoint 的学生成绩做了比较，结果发现讲座中使用 PowerPoint 的学生成绩更好。PowerPoint 的使用能增强学生的积极性。苏士侃（Susskind，2005）的报告指出，在一系列讲座中停止使用 PowerPoint，学生的积极性会下降。然而，这并非是所有讲授者的经历。阿马雷（Amare，2006）发现，虽然她的学生表示更倾向于使用 PowerPoint 的讲座，但是，考前和考后的比较发现，讲座中使用 PowerPoint 时，相对于传统的讲座形式，学生的成绩更低。

批评

互联网上曾经有过一场关于在交流中使用 PowerPoint 的优势和劣势的激烈辩论。例如，《英国医疗杂志》（*British Medical Journal*）（LaPorte et al.，2002）中一篇具有争议的文章认为，PowerPoint 现在是科学传播的主要媒介，有超过 95% 的报告使用它，他们也解释说，在有效沟通方面，PowerPoint/互联网媒介可以取代传统期刊，用卡夫卡（Kafka）语录总结他们的观点就是：从某一点开始后面不再有任何转折。似乎很多人对将 PowerPoint 作为标准列入讲座中感受相同，尽管我们可能看到使用中它有优点也有缺点，但是毫无疑问，它无处不在的应用已经改变了当今高等教育中学生们的体验。

围绕着PowerPoint的主要问题似乎是它最终构建我们的组织和编排我们的想法和材料：

> 它可以帮忙做一个案例，但是它也有自己的情况，关于组织多少信息和如何看待这个世界。

(Parker,2001：76)

该程序具有广泛的自动格式和模板，如果一个人只是把内容加入到预先做好的模板中，那么这个讲座最终会有两个作者。当讲座的作者试图避免这些极端时，PowerPoint的模板结构鼓励一种特定的方法，即通常在幻灯片标题后面紧跟要点的嵌套层。帕克辩论说这强烈激励了一种"不连贯的，概述的心境"。

爱德华·塔夫特(Edward Tufte)，耶鲁大学政治学、计算机学、统计和图表设计名誉教授，一直对PowerPoint的使用持批评态度(Tufte,2003)。他非常担心在会议室和工业中使用PowerPoint时，所鼓励的认知风格会简化意义以外的内容，并降低内容的质量；同样，他还担心PowerPoint在讲座中的使用效果。他总结说：

> PowerPoint是有能力的幻灯片管理者和设计者，但是它也已经成为报告的替代品，而不是补充。

(Tufte,2003)

另外一个担忧是，在许多幻灯片设计模板中占主导地位的层次结构难以表达所包含细节的重要程度。汤普森(Thompson,2003)记录了美国宇航局的工程师们针对PowerPoint使用的批评，他们评估了注定失败的美国航天飞机机翼损伤情况。事故调查人员认为，对安全有巨大影响的重要信息，用复杂和令人困惑的PowerPoint无法有效地同高级管理者进行沟通。

还有一个担忧是PowerPoint阻碍了人与人之间的沟通，它会使讲授者与听众的关系逐渐疏远。有些人认为它会导致沟通方式成为一个人到另一个或其他人的演示，而不是人与人之间的讨论。因此，在讲座中许多讲授者抱怨的学生的消极性，实际上是由这种或类似的演示工具的使用传播造成的。

最后考虑的是目标、时间和重点。当我们发现自己花费太多时间在幻灯片重排和加入引人注目的图标和过渡时，我们不得不问自己，什么是真正重要的。我们能做的并不意味着我们应该做。这种行为的驱动因素之一是，学生现在期望的是看起来很专业的演讲，如果直观教具没有达到视觉诱惑和刺激的最高标准，他们就会认为我们没有准备好。

> **思考片刻**
>
> 很明显，PowerPoint是一种被广泛使用的工具，受到学生和讲授者的欢迎。但是，也有不赞成使用它的人，他们担忧使用PowerPoint会对学生和讲授者产生不良的影响。你的观点是什么？

戴夫·普拉迪最近对超过600名受访者做了名为"令人烦恼的PowerPoint"调查，他总结出糟糕的演示最令人烦恼的三个方面是：

- 演讲者给我们读幻灯片（67.4%）；
- 都是整句而不是点句（45.4%）；
- 文字太小看不清（45%）。

调查的自由评论空间也使受访者有机会来陈述其他两个观点：

对糟糕的幻灯片设计的批评，尤其是不理想的颜色选择和整个演示中不协调的布局；

在幻灯片上看到更多视频和较少文本的强烈愿望。

学习和PowerPoint

学生如何在学习中使用PowerPoint演示文稿？他们把讲授者打印出来的文稿看作讲座的核心和独立的学习资源，还是看作讲座中不可缺少的与背景相关的部分？课上和课下他们如何使用打印的幻灯片学习？显然，许多涉及PowerPoint与学生学习方法结合的问题还需要进一步研究。

我需要展示多少内容

正如前面所提到的，报告和讲座的主要异常状态之一就是展示过多的内容。但是，应该展示多少内容呢？在特定时间内展示多少资料才是合理的？大多数人赞成"少即是多"，但是就证据而言，几乎没有什么能帮助回答这一重要问题。布莱指出,讲授者试图教太多东西是一个普遍问题,但是他并不建议对展示的材料的量做限制(Bligh,2006)。当谈到用 PowerPoint 演示时,谢泼德建议每分钟一张幻灯片,此外,尽量少使用一些幻灯片(Shephard,2005)。摩根建议一个 10 分钟的演示最多用 10 张幻灯片,6～8 张最合适(Morgan,2007a,2007b)。哈尔声明 10 分钟的话题最多应该用 6 张幻灯片,并且每张幻灯片不能超过 8 句话,如果有可能,6 句话最好(Hall,2007)。

这些数据都是基于有根据的经验和主观印象,而且是有用的经验法则。为了基于经验来回答这些问题,丹尼克和马西森客观地分析了医疗教师经过几年的培训课程之前和之后所做的 600 多个 10 分钟的 PowerPoint 的内容,包括测量幻灯片数量、字数和使用的图片的数量。结果发现,培训之前,对于 10 分钟的演示,讲授者最初使用大约 17 张幻灯片,培训后,降到平均 15 张,演示中的总字数由培训前的 345 个降到培训后的平均 285 个,而图片的数量由培训前的 7 张升到 1 培训后的 0 张,有趣的是,每张幻灯片的字数大体上一致,约为 20 个(Dennick and Matheson,2008)。

这些证据告诉教师在实践中怎样做最有效,而不是对学习来说什么是最好或最适宜的。因为培训课程并没有推荐任何数量的幻灯片和字数,毫无疑问,未受过训练的教师往往演示太多的资料,因为培训使教师更加明白,积极的学习方法不可避免地会带来整体内容的减少。

这些数据表明了一个共识:对于绝大多数的 10 分钟的演示,15 张幻灯片,每张幻灯片 20 个字,10 张图片是最有效的。如果把这些建议成比例放大到一个标准的 45 分钟的讲座中,将建议大约 67 张幻灯片,总共 1282 个字。当然,作为一个经验得出的建议,讲授者应该不会超过这一限额。

设计 PowerPoint 中的幻灯片

从文本开始。

如同其他直观教具,最普遍但是最有用的指导提醒我们,文本应该大而清楚,应使用有限数量的文字。推荐使用 24 号字或更大,文本限制在 6 行左右看起来比较合理。限制每行的字数也很有用。有些人建议每行最多 7 个字。这意味着你几乎不能写真正意义上的句子,而是使用关键词或者"要点"。

我们还应该注意,幻灯片中应避免使用大写字母,因为比起混合了大小写的句子模式的文本,它更难读懂。对于有诵读困难的学生(特别是心理上的),为满足他们的需要而制作视觉材料时,出于阅读轻松或速度的理由,大多数的指导建议是使用粗体(而不是斜体或下划线)来突出重点。下划线还用来表示超链接。

当涉及颜色和文本的使用时,高对比度的文本颜色,如亮背景上的黑色和深蓝色效果就很好(反之亦然,黑色背景上的白色文本)。文本颜色还可以用来充实讲座的结构或表达相关观点。例如,用深绿色表示肯定的观点,用深紫色表示否定的观点;或者用淡蓝色表示标题,用深蓝色表示文本。用引人注目的、不同颜色的文本来强调观点效果很好,但如果使用过度,它的影响很快会消逝。幻灯片或讲座文稿中的彩色文本装饰过多和过于复杂的混合物,会导致看起来相当混乱和不专业。要明白颜色组合使用不当将会给色盲的学生造成困难(见本书第 158 页)。

使用色环可以处理得当:
- 相反的颜色,如红色和蓝色,可以创造出最大的对比度;
- 相近的颜色,如绿色和蓝色,比较协调。

(最后重要的一点——检查幻灯片细节)

选择模板。

如果有选择,不要每次课都用同一个幻灯片模板,因为这会导致一个讲座跟其他的看起来非常像,并容易相互弄混。但是一些大学和学院建议使用"综合设计模板"。模板是 PowerPoint 软件用来描述每个幻灯片的不同背景设计的术语,包括色彩设计、标题和边框等。为了给大家留下专业的印象,许多讲授者设法使所有讲座的模板保持一致。有的人甚至可能想使任何动画的模式保持一致,例如,当输入"下一张幻灯片"时,一张幻灯片就会被下一张代替。如果是这种情况,建立一个"幻灯片母版"就很重要。想在每一张幻灯片上演示的信息应该设立在母版上(例如,你的名字、标识、版权细节等)。

考虑布局。

大多数使用者为了满足他们的目的,有选择幻灯片模板和格式化的嗜好。例如,标题幻灯片的文本通常呈现在屏幕(页面)中间,下面第二个文本框给出了演讲者的名字和附属机构。其他的幻灯片模板通常包括要点,要点可以在不同的位置同插入的图表、曲线图、照片、剪贴画、动画等结合起来。

关键技巧

我发现，如果有一天我在计算机上准备幻灯片和检查拼写，并作为讲义打出来，然后第二天重新阅读，我几乎总能发现一个前一天漏下的错误。

如果想要传达分层列表、优先顺序或重要的信息序列，在相应语句前加上数字序号会很有用。

在幻灯片上确定文本和图片的位置时，记住两件事很有用：

- 焦点；
- 眼睛浏览幻灯片的途径。

焦点能使注意力集中并由此突出某些材料。焦点通常由图片和图标展示，它们能率先吸引注意力并把观察者引到"重点"上。

观众的目光在一个幻灯片上的预期途径往往从顶部左上角开始移向屏幕下方，在底部右下角结束。这遵循了西方阅读的标准格式并迎合了学生的期望。因此，可以挑战这些规范并制定出一个需要观众遵循不同途径的幻灯片。例如，从下往上或从右往左。这可能使观众惊讶，因此可以用来强调不同的内容。

由于显示了一致性并且看起来是专业的、有组织的，因此演示文稿当中视觉作品的一致性（如颜色、格式、布局等）值得称道。重要的是要记住，差异很可能会引起注意，也可能意味着重要性或特殊的意义。

一个更明显的并有用的提示是，在讲座的演示文稿中应包括自动演示文稿的编号和页脚识别信息，以帮助学生记笔记和归档。

包含图表和图像。

PowerPoint 有许多的选择可以使材料通过图片和图表直观地显示出来。对许多学习者来说，这种直观的演示资料理解起来更简单快捷。然而，图表需要标记，轴线也需要编号和标记，并要注意与整体的视觉印象，以保证不会误导或使学习者困惑。例如，可以分散一些 3D 阴影效果，选择的配色方案要与讲授的主要信息相协调，并能使之得到强化。

图表设计建议：

- 通过精确的标题来凸显主旨，标题解释了图表所证明的关系以及演讲者从这种关系中得出的结论。给坐标轴命名，用标签说明图表的所有组成部分，由此给学生做好典范。

- 当选择如何做演示的时候，考虑一下你想证明什么样的关系。作为自变量变化的一个功能，折线图代表了因变量的变化；条形图（或柱形图）代表相对量；圆形分格统计图表明了一个整体的相对比例。
- 迅速地从图表中提取信息。标出重要数字，把数据转换成图表形式或者展示最少的数据以方便学生对图表的理解。
- 尽量减少学生必须处理的直观信息的量，以方便他们能够关注最重要的材料。
- 印刷体大到所有观众都能舒适地阅读——即使他们坐在最后一排，没有最好的视力。

加入数字图像、动画片和录像。

研究证明了使用 PowerPoint 的讲座中包含动画和视频剪辑片段的有效性，但是必须跟讲座的主题相关。讨论制作动画的技术细节超出了本书的范围，但将现有的媒体文件纳入到一个 PowerPoint 演示中，你可以：

- 打开并显示要添加视频或音频剪辑的幻灯片。
- 从上面的菜单中选择"插入"。
- 选择"图片""电影"和"声音"。
- 选择"来自文件的图片""来自文件的电影"或"来自文件的声音"。
- 在桌面（或储存文件的文件夹）里查找。
- 选择文件。
- 单击"确定"(OK)。
- 决定在幻灯片展示中你是否想要电影或声音自动播放。

(改编自密歇根大学图书馆提供的指导)

记住，正如图表和图片一样，视频片段不能自己插入 PowerPoint 中，在同一文件夹中保存一份视频或动画剪辑文件作为原始文件很重要，这样的话 PowerPoint 方案就可以访问和播放它。

版权和知识产权的复杂问题。

不同国家的版权法不同，但是在英国，版权是自动给了原作的创造者的，并且给予他们由他们的作品产生的任何经济收入的权利。这意味着"作品"不需要通过注册来获得保护，大部分在网上可以很容易访问的数字内容也受到版权法的保护。

版权是更广泛的权利——知识产权的一部分。个人的知识产权可以买、卖、租用以及像个人的其他财富一样转给他人。因此,对于数字图像,大多数情况下,用户需要与作者商量并得到他们的允许才可以使用。在英国,自1988年版权法、设计法和专利法以来,"道德权利"的概念也已存在,它为创作者所创作的艺术作品的完整性提供了保护。

对于道德权利,英国的图像技术咨询服务网站(TASI)总结其含义包括:

- 作品权利被公认为作者/创作者所有。
- 作者反对虚假的归属的权利。
- 有权不让他/她的作品受到"贬损的"对待。

除了上述道德权利外,还为家庭和私人目的拍摄照片和电影的人提供了额外的权利,这限制了他人在未经同意的情况下使用他们的作品的行为。

对法律的解释并非直截了当,因为它依赖于解释的关键词,如"合理的""公平的""原创的",这意味着事情并非非黑即白,而是通常介于两者之间。

例如,当作者/创作者是学术人员的成员时,他创作作品的时候正受雇于高等教育机构,确定版权的所有者就会很复杂。当该地区大学政策不同并且经常变化时,这种情况下,关于个人版权地位的问题最好寻求地方的指导。

"合理行为"用于非商业研究或私人学习,允许讲授者在不损害创作者的现在或将来的商业利益的情况下使用材料。这同样很难判断。一种理解是,在讲座中使用图片来指导或检测学生被看作是合理行为,但是提供多个复印件或者把图片张贴到讲授者制作的网站上可能被看作是超出了合理行为。

> 更多信息请查询自己所在机构的法规要求或知识产权办公室。因为在谈判著作立法权中"应用"的个人情况如此重要,所以给出通用的指导可能会误导,上面的例子显示了该领域的复杂性而不是试图提供绝对的指导。

在讲座中使用 PowerPoint

如果可以,在将要做讲座的房间里排练你的演示文稿是非常值得的。如果你的储存卡里有演示文稿,你最好复制到桌面上,并从复制版打开,尤其是当你的演示文稿中加入了动画或者视频时。

在讲座中使用 PowerPoint 时,重要的是记住基本的文稿演示技巧。建议尽量与学生保持良好的目光接触,因为很容易把后背对着学生,面向屏幕说话,或自己一直盯着电脑屏幕。讲授者的确需要通过扫视笔记或电脑屏幕来获得讲座的提示语,但是尽可能地与学生保持联系很重要。

使用 PowerPoint 时有许多快捷键能帮助讲授者更顺利地演示。当想要快速删除投影的图像时,我们最喜欢的是只需按"B"键就能将屏幕清空,这里还有一些其他你可能喜欢用的方式(见表 6.2)。

表 6.2　PowerPoint 的常用操作及其快捷键

功能	键盘单击
下一张幻灯片	N,Enter,Space
上一张幻灯片	P,Backspace
定位至幻灯片某页	"Number"+Enter
黑屏	B
白屏	W
将光标变成笔	CTRL+P
将笔变回箭头	CTRL+A
擦除幻灯片上的所有墨迹	E
结束幻灯片放映	ESC

经验表明,用 PowerPoint 在讲座现场链接到网站常常出问题。延迟访问一个链接,从你最后一次查看到 10 小时后,它可能已经被移动了,或恰好在那个时候你们学校的服务器崩溃等,所有这些都使该操作充满风险,并且给你和学生带来了潜在的阻碍。

大多数的网页从来都不是用来在讲座大厅放映的,所以大多数网站并不适合上述操作——它们通常包含太多信息,并且字体太小以致不容易阅读。因此,考虑清楚为什么要放映它们很重要。有时候可能是为了显示如何浏览特定网站,或者给出关于讲座结束后可以在哪儿探索某些内容的概述。

如果讲授者真想这么做的话,PowerPoint 里的动作键可以提供网站的热链接。但我们的建议是,如果你的确想这样做,那么熟练演练演示文稿与网站之间的路径。如果你只是想简略地显示某些事物,为什么不"作弊",复制一个网页截图到你的演示文稿中,而不是在讲座中进行现场链接。

> **用 PowerPoint 制作讲座摘要和大纲**
>
> 注意:多数讲授者不会(不能)给出详细的讲座讲稿以便你能简单地打印出来。我们通常的策略是提供标题或副标题,由此给出一个讲座所围绕的结构。因此,打印材料通常只会提供大纲,学生需要在讲座进行中以及结束后来扩充它。
>
> 记住——严格来说,根本没有必要去打印 PowerPoint 笔记。学生可以很容易地使用它们在线准备或修改,或者就像在讲座中一样,根据幻灯片亲手做笔记。然而,永远记住,细节通常不会自己在那儿——因此,必须参加讲座。
>
> 记笔记是学生必须培养的技能。不要误以为所要做的就是复印幻灯片。我们提供了大纲,但学生必须补充细节,无论是从口头提供的演讲内容,还是从自己的阅读中。PowerPoint 只是用来帮助做好笔记的。

许多讲座通过它们的课程网站或者学校的虚拟学习环境将演示文稿提供给学生,学生在讲座前后都能够浏览或下载演示文稿。人们把 PowerPoint 材料看作是学习资源,而不仅仅是文稿演示工具,这提出了更深一层的问题。

引导学生有效地使用 PowerPoint 演讲材料

很明显,讲授者在很大范围内以不同的方式使用 PowerPoint 和其他类似的文稿演示工具,对于学生应该怎样好好使用他们提供的资源也有不同的期望。因此,在应如何看待并有效地使用学习资料方面,给学生明确的指导是有必要的。例如,在下面的方框中,艾伦·琼斯(Allan Jones)在他的个人网站中讲述了他对自己的生物学学生的期望。

从提供的 PowerPoint 演示文稿中打印笔记：三个选择

（1）只有文本的打印资料，使用 PowerPoint 的大纲视图选项。这一文本可以用".rtf"格式保存，如果你想修改或增加文本，那么你可以添加单词，例如，通过合并空白空间来添加。这种格式下，以这种格式来打印，大多数讲座不会占用超过两张 A4。

（2）或许你想使用 PowerPoint 备注页视图选项，即上面为幻灯片演示，下面是自己笔记的空白处。

（3）如果你真的想要幻灯片本身而不是文本内容（例如，当有个图形你想将其列入笔记中）时，可使用打印选项（每页打印 2 张、3 张、6 张或 9 张幻灯片）。如果幻灯片有深色的背景，你可能需要修改背景颜色，右键单击第一张幻灯片的背景或使用其他方式均可修改幻灯片的配色方案。

学生非常赞赏的"清晰、透彻"，事实上就是准确的细节。关于他们如何才能有效地处理讲授者所提供的材料，没有指导的情况下，许多学生会打印出全面、昂贵的 PowerPoint 幻灯片版本，所以提示他们仅仅打印文本摘要或大纲是非常有用的。

案例研究

在生命科学讲座中使用 PowerPoint

艾伦·琼斯（Allan Jones），邓迪大学生命科学学院教学部高级讲师。

我第一次见到 PowerPoint 是在 20 世纪 90 年代初。我的直觉是，不管从我自己的角度来看，还是从学生的角度来看，它都有提高我教学的巨大潜力。我的热情随着这一程序的性能的稳步发展逐步增加，虽然我也充分意识到，作为教学工具，与其潜在的好处不相上下的是潜在的不当使用。因为这一特性，2003 年我发表了《PowerPoint 在生命科学学习与教学中的使用与滥用：个人观点》。

现在，在我的生命科学教学和我的员工发展等几乎所有方面，我已经使用 PowerPoint 十多年了，我认为它极大地增加了我的大多数教学活动的吸引力和功能。自第一次使用 PowerPoint 以来,在调查中,我的学生总是积极评价我对它的特殊应用,并将其视为对他们学习活动的激励和支持。

我确信不需要我描述这一卓越的视觉工具理论上的好处,尽管我很少说,但我一直认为它对教学发展的主要贡献是减轻了编辑过程:它很容易基于需求和经验来修改演示文稿,因此有助于我的讲座和研讨会的逐步发展和被认可,正是这一特性最早吸引我使用它。

使用 PowerPoint 时学生最经常遇到的问题是,有学生倾向于认为,一旦有了 PowerPoint 文件,他们就不需要参加讲座或在讲座中积极表现了。虽然文件的内容和演讲方式都可以提供给学生,但非常重要的一点是上述内容都是大纲形式,每堂课我都会准备两个文件:一个是提供给学生的文件概要,另一个中包含了我要讲授的具体材料,优于提供给学生的版本,其中受版权保护的图像,不能为学生提供,可以让他们去复印。

我的策略是使用 PowerPoint 为学生提供课程大纲和图形,但保留大量的细节在课堂上讲授。因此,学生在整个授课期间,不仅要参加课堂学习,还要积极地诠释 PowerPoint。很明显,不论是讲义还是 PowerPoint 文件,向学生提供所有细节都是不明智的,因为这会导致学生在课堂上变得消极、被动,而且一直以来,消极、被动不利于真正学习。

我的 PowerPoint 文件含有课程大纲,学生可提前通过我们的网络教育平台查看,我鼓励学生事先阅读和打印这些材料,为讲座做好准备。其他途径得不到的图表也会提供给学生,以帮助他们在课堂上使用。提供的文件中包含需要打印的图形时还要考虑版权问题。然而,鼓励学生打印大纲需要对学生进行合适的培训,因为许多学生没有意识到可用打印格式,而缺少指导会导致学生产生相当大的、额外的费用。从灰度图像角度看,大纲或每 6 页的讲义的格式似乎是最佳的。给学生演示如何导出文本,如".rtf"文件,并纳入到随后的文字处理程序中也是很必要的。用 PowerPoint 制作讲义的最后一个优点是,该文件可以提供给学生,他们可以修改缺陷,他们可以根据要求来修改这些文件,例如,把它们转换成 Braille 或者大的字体。

以我的经验来看,在使用 PowerPoint 进行教学时出现的大多数问题通常反映了个人的局限和缺乏创造性的方法,使用 PowerPoint 的主要优点是它是高水平的视觉媒介(百闻不如一见)。使用一个无聊的幻灯片设计方案来制作一个文本幻灯片显然没有很好地利用这一工具的视觉激励作用。

PowerPoint 的功能是如此强大，没有它们，我会发现我难以提供同水平刺激——图像的简单合并、构造图像和图表的能力以及在演示文稿中进行超链接，所有这些使 PowerPoint 成为我最喜欢的教学工具。

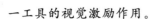 扩展阅读

如你想了解更多关于本章话题的内容，或者想得到更多切实可行的或技术性的建议，下面我们提供了少量的阅读书目，从中可以找到一些有用的信息。本书后面还有更详细的参考书目。

［1］Cockburn,T. and Matthew,A.（2006）*Lecturing Law with PowerPoint：What is the point*？Queensland University of Technology.

［2］Thomas,M. and Appala Raju,B.（2007）'Are PowerPoint presentations fulfilling its purpose?' *South East Asian Journal of Medical Education*, Inaugural Issue.

还有许多来自于不同国家和不同学科的阅读资料，对于更一般的视图提出很多建议和提示。

［1］Bartsch,R. A. and Cobern,K. M.（2003）'Effectiveness of PowerPoint presentations in lectures', *Computers and Education*, 41 (1)：77-86.

［2］Brown,S. and Race,P.（2002）'Lecturing tools, in *Lecturing：A Practical Guide*. London：Kogan Page, pp. 80-105.

［3］Tufte,E. R.（2003）'PowerPoint is evil：Power corrupts. PowerPoint corrupts absolutely.' *Wired*. www.wired.com/wired/archive/11.09/ppt2.html.

第七章 准备、使用讲稿和学习资源

导言

讲稿是讲座前、讲座中或讲座后发给学生的纸质材料。现在，在线学习资源大量出现，逐渐成为纸质讲稿的有益补充，并在一定程度上取代了纸质讲稿。有时，在一些大学的虚拟学习环境中，讲授者可以通过精心设计的网站向学生提供电子讲稿。学生可以根据自己的学习风格和做笔记的偏好将那些讲稿打印出来，并带到讲座现场。

本章我们将论述使用讲稿的原因和一份高质量的讲稿的构成要素，并进一步探讨这些学习资源在讲座内外的用途。

为什么要用讲稿？

随着从业人员采用的讲稿形式逐渐多样化，讲稿的潜在功能不断被开发出来，并挑战着传统的教学观念。今天我们看到的讲稿主要具有如下作用：

- 帮助学生做笔记（有利于笔记结构和拼写）；
- 可以帮助那些因生理缺陷而不善于做笔记的学生；
- 可以让那些细节性和技术性的知识得以更精确和有效地讲解（例如，讲稿可以提供图、表等。如果学生要在讲座中将这些图、表以

笔记的形式记录下来,将花费他们很多时间);
- 有助于讲座中学习任务和学习活动的设计和管理;
- 可以提供额外的、在讲座中不能涉及的重要信息;
- 可以向学生提供深入学习的建议和推荐的课外阅读书目。

讲稿的用途很多,归纳起来可以分为两类:其一,讲稿可以用来向学生提供信息;其二,讲稿可以用来帮助讲座互动和讲座活动的开展。提供信息是讲稿的传统功效,而基于主动学习的理念,讲稿被用作学生活动的工具却是较新的发现(Brown,2004)。

作为信息提供者的讲稿

内容完整的讲稿

讲稿可以提供一个打印出来的、文本形式的、完整的讲座内容。这时,讲稿可能是讲座内容的脚本或者是一份学术论文。通常,完整的讲座内容讲稿包括所有讲座幻灯片的复印版。讲稿也可以用来提供讲座讲解内容之外的附加信息,有的讲授者会给学生内容完整的讲稿,并附上他们在讲座中或者讲座后所添加的详细注解。

这样的讲稿有一个优点,即不管学生做笔记的能力和语言水平如何,他们都可以掌握讲座讲解的主要概念。讲授者也能确保他讲授的内容没有遗漏,并被学生有效地记录下来。这种讲稿对那些因病缺课和因生理原因而影响做笔记的学生特别有帮助。

然而,这种方法也会导致填鸭式的教学模式。一些学生会认为他们不需要出席讲座,因为他们可以从提供的讲稿中获得他们想知道的一切,从而导致讲座出勤率下降。如果学生能从虚拟的学习环境中获得电子讲稿,这种情况会更加恶化。

要撰写出一个高质量的讲稿,首先必须明白:讲座是讲授者与学生之间的对话,讲稿只是这对话过程中的一部分;对学生而言,讲授者的讲稿只是学习的工具之一,而不是唯一;讲稿是用来提升和补充讲座的,而不能取代讲座。

(Richard James,澳大利亚墨尔本大学)

结论型讲稿

讲稿可以是讲座中讲解的主要观点和概念的浓缩或总结。它可以列举出学习结果、讲座的主要标题提纲以及所得出的结论。讲授者可以以提纲的形式给出讲解的内容,并用文字文档列举出讲座中用到的主要标题和次要标题。

这类讲稿事实上就是讲座内容的打印版,除了讲座内容外,里面再没有任何附加信息。我们应该特别关注它对学习的潜在影响,例如,当学生拿到简洁的、概括性的提纲时,他们会不会误以为那就是讲座内容的全部呢?

梗概型讲稿

梗概型讲稿是对结论型讲稿的修正。这种讲稿只包含内容太长、学生没办法记录下来的信息,或者是学生能够勉强记下来却错误和遗漏百出的信息。因此,梗概型讲稿可能包括这样一些内容:重要的图表、数据、地图、公式或表格。它也会包含视图资料的复印件,比如照片和图像的复印件——这些在笔记中不可能记录下来。这种梗概型讲稿通常见于科学、医学和工程等学科;而在人文和艺术学中,梗概型讲稿可能包含一些引用语;在语言学习课程中,梗概型讲稿可能含有词汇表和翻译等。

换种说法,梗概型讲稿会提供一个松散的、与学习话题相关的框架,学生在讲座中可以在上面增加一些细节信息。学生在讲座前就需要得到这种梗概型讲稿,这样他们就会对讲座的内容和方式有一个整体性的理解,从而使他们在讲座中能更好地做笔记,并在上面添加细节信息。

> **旁白**
> 结论型讲稿和梗概型讲稿都有助于学习，因为当学生面对来自黑板、幻灯片和投影仪里的信息轰炸时，这些讲稿可以减轻他们做笔记的负担。这样就能把学生从繁重的笔记中解放出来，让他们集中精神倾听和思考讲解的内容和观点。讲授者的讲解的方式也会因此而改变。因为讲授者不再认为学生需要把所有的东西都记录下来，讲座也不会像听写式的、蜗牛步伐般的向前推进。这也有助于讲授者与学生的交流，讲授者可以告诉学生怎样去最好地利用这些讲稿，如何往上面添加内容并让其符合自我的学习风格。

这种利用梗概型讲稿做讲座的方式被认为是一种很先进的教学方式。相对大一新生而言，它更适合高水平的学习者。

一系列的研究（Klemn, 1976; Morgan et al., 1988）表明，有梗概型讲稿的学生的学习成绩要比完全自己做笔记的学生的学习成绩要好。讲稿中提供的细节信息量是影响学生学习效果的一个关键因素。

附加信息讲稿：讲稿提供比讲座呈现更多的信息

我们讨论过讲座中信息负荷过重而产生的问题，认为讲座中信息负荷过重会影响讲授效果。学生会被众多的信息淹没，而显得手足无措。解决措施就是在讲稿中提供原讲座中的一部分资料，让他们讲座后去阅读和思考。附加细节、问题和案例都可以以这样的方式发给学生。如果讲授者知道学生手里有一些附加重要材料的复印件，在讲座中讲授者就只需要集中精力讲解一些关键的信息。其中常见的做法就是讲授者向学生提供一个供他们进一步阅读和参考的书目。

从课程的角度来看，讲稿和一些相关材料加在一起才是一学期学习内容的全部。认识到这一点是很重要的。显然，这样的理念应该被运用到一门课的课程大纲设计或单元教学模块设计中，并从中找到平衡。尽管如此，讲稿中的材料也不应该过多，否则也会让学生不堪重负。

用以支撑互动与主动学习的讲稿

填空式讲稿

最简单的交互式讲稿就是填空式讲稿。讲授者向学生提供一个内容相对完整的讲稿，但是讲稿中故意设计一些空格，学生需要在讲座中填补空格处缺失的信息，让讲稿变得完整。填空式讲稿起初的目的是让学生在讲座中集中注意力。然而这样的讲稿似乎太迁就学生（请把这张幻灯片的内容抄下来，填写到你手上讲稿第二页的空格处……），并且会让学生养成一种实用主义的学习态度。人们担心填空式讲稿会让学生只专注于听讲授者对讲稿中缺失部分的提示，然后完成填空，而没有真正融入讲座，逐步理解整个讲座所讲的内容。

包含学生任务的交互式讲稿

我们认为，迄今为止讲稿的最好用途就是把它作为一种工具，来培养和支持学生的主动学习。除了提供信息外，理想的讲稿还设置有一系列的活动，让学生去处理信息、运用新的观点、回答疑问和解决难题。如果整个讲稿能完整地记录学习要点，那更好。采用交互式讲稿时，学生可以在讲稿中插入定义，给引言添加注释，在图表上作标记或者写上自己对问题的答案，这样就会让学生对自己的讲稿笔记有一种拥有感。当然，讲授者也可以不把学习任务和活动写入讲稿。但是，如果讲授者在讲稿中加入了这些内容，学生手上就会有这些任务，并且他们可以在上面插入他们的学习结果，这样就会有利于他们的进一步学习和复习。

从讲授者的角度来说，如果手上有一份学习任务指南和讲稿，就有利于组织讲座，并能确保每个学生都知道他们什么时候该做什么，为什么要这样做。

讲座中活动的丰富度不仅受制于讲授者的想象力，而且也受制于课程的要求。交互式讲稿可以使讲座中的活动丰富多彩。下面我们将列举和描述一些常见的技巧。并且,我们还将在第八章介绍如何将这些活动融入讲座,让讲座变得生动活泼。

附加文本

这是促进互动最简单的方式。讲稿中有一篇文章,文章中一些关键词被拿掉。学生必须结合背景知识和上下文找出正确的词语,把空格填上。这种任务看起来比较烦琐,讲授者也不要高估学生应对生词和术语的能力。如果要增强这种任务的互动性,讲授者可以用幻灯片呈现出一些词汇,让学生举手投票选取正确的词语。

留足空间,让学生可以插入定义、翻译等

在设计交互式讲稿的时候,讲稿上应该留足空间,让学生可以在上面插入重要的定义、姓名、日期、翻译等。根据不同的情景,讲授者可以给学生机会,让他们自己把这些内容填上;讲授者也可以直接给出相关信息。

不完整的定义,公式等

就数字内容而言,根据前一种方法,我们可以在讲稿中给出不完整的定义、等式或公式,让学生去完成。

完成列表

我们可以设计一些活动,让学生列表完成排序或年表。提供不完整的流程图和时间表有助于这种活动的开展。

留足图表空间

有时,在讲稿上留出空间,让学生在上面画曲线图或示意图也是很有帮助的。或者给学生提供一份未经标注的示意图,让学生在讲座中完成标注;或者给出一个坐标,让学生在其中插入曲线图。同样的方式也可以被用于地图、流程图、概念树形图或其他任何合适的图表。

不完整的讲义

在科技领域,很多过程可以用图表来描述。讲授者可以给学生一个提纲,上面留出空间,让学生用箭头或线条表明各种要素之间的关系。另一种办法,讲授者可以给出一幅只带箭头的图表,让学生将各部分的内容填在表上的相应位置。

给难题和疑问留出解答空间

向学生提供讲座中学习的疑问、难题、情景或案例简介,并留出空间,让学生自己填上答案,这样有利于鼓励学生去运用所学知识。问题既可以用来检测学生前面学过的知识,也可以用来检测学生对内容的理解,还可以用作课后的小测验。

交互式讲稿

上面所有的方法都可以融合进交互式讲稿中。但是讲稿里每个章节的结构和顺序要和整个讲座成为一个有机整体。当学生在复习讲座内容时,完整的讲稿应该能给学生提供要点和学习结果的概要。讲授者在上课前就应该向学生解释清楚讲稿的作用,让讲座有条不紊地按照讲稿的规划推进,如果有恰当的时机,讲授者可以跳出讲稿,提供一些具有启发性的活动来激发学生的兴趣。

交互式讲稿与个体或小组活动

交互式讲稿不仅能为单个学生设计活动,激发他们的学习兴趣,还能促使学生进行小组讨论。小组讨论可以增强讲座的互动性。在大型讲座中,按照讲授者的要求,学生可以两三个,甚至七八个一组。给学生几分钟时间,让他们一起讨论,他们很快就会将讲稿上的空格填好,找出问题的答案或需要添加的定义。在这种方法下学习的学生会更积极地参与互动,更愿意回答讲授者的提问。在很多情况下,富于想象力的讲稿和小组活动相结合,会给小组教学带来意想不到的效果。前人的研究结果表明,学生重视并喜欢讲座中的互动活动。研究

还表明,在对讲座材料进行测试时,学生在含有交互性部分的问题上的表现要好于没有交互性的问题部分(Huxham,2005)。

提供高质量的讲稿

学生会从讲授者给他们的讲稿中清晰地判断出讲授者的教学方法,讲授者对学生以及他们学习的看法。因此可以想象,一份邋遢的、潦草的、过时的、到处都充满着复印材料的讲稿会给学生传达出什么样的信息?

那么,一份高质量的讲稿应该是什么样的呢?它应该是一份字迹清晰可辨、能吸引和激发学生兴趣的讲稿;它应该是一份结构合理、条理清晰、标题恰当并给学生留出所需空间的讲稿;讲稿的语言要简洁精练,便于学生理解,图片和表格要清晰明了;讲稿不是简单的一张张复印件的相加,如果那样的话,文章就会离散,图片也失去了参照价值;讲稿还要定时更新,并每年打印出适当的份数。

在准备讲稿材料的时候,一定要考虑所有学生的不同需求。这是很重要的,对那些近视的学生来说尤为关键。例如,在各种各样的练习中,讲授者如能考虑下面推荐的建议就会受益匪浅:

- 提前向学生提供电子材料,以便学生在上课前能根据自己喜欢的方式了解材料;
- 材料要清晰,记得用无衬线字体,比如 Arial 字体,字号为12+,段落中间留出空行,不要过多使用大写;
- 打印讲稿时选择米色或灰白色纸张,不要用白纸;
- 对重要术语要提供词汇表,这对那些阅读水平不高或者非英语母语读者尤其有用。

更新讲稿

讲稿和其他学习资源一样,都需要不断更新,每次使用前都要重新核查讲稿内容,核查时应该特别注意以下两个方面:

- 网络链接是否仍然有效?
- 提供的参考书是最新的、最好的吗?

评估材料

要想知道学生是怎样使用讲稿的,讲稿对学生的学习有多大帮助,讲授者需要对提供的讲稿进行评估。下面方块中的条目可以帮助讲授者对自己提供给学生的讲稿进行快速评估。

> **快速讲稿评估清单**
> ■ 讲稿的难度是否与课程和学生的水平相符?
> ■ 有没有对新的专业术语进行解释,有没有对新的概念进行界定?
> ■ 它们对讲解的内容是否有帮助?
> ■ 讲稿的页面布局是否清晰?标题和空白空间是否得到有效的使用?
> ■ 讲稿是否便于所有的学生阅读(无论是网络版讲稿还是纸质讲稿)?
> ■ 是否留有让学生添加内容、增加注释和标注姓名的空间?
> ■ 参考书和网络链接是否是最新的?
> ■ 有没有包含深入学习的建议?

提供或下发讲稿的时机

什么时候向学生分发讲稿?这取决于讲稿的功能和作用。可以在讲座前发,可以在讲座中间发,也可以讲座后发,还可以给学生提供网络在线讲稿,让学生自己在讲座前或讲座后去打印。

具体选择哪种方式取决两方面的因素:其一,讲授者打算让学生怎么使用讲稿;其二,讲稿的实用性。如果讲稿是讲座内容要点的概括,其目的在于减少学生抄笔记的负担,那就应该在讲座前发给学生,并附上使用说明。如果讲稿中只含有附加材料,阅读书目或参考书目,那就可以在讲座后发。如果讲稿中含有交互材料,因为交互式讲稿与讲座内容和流程是有机结合在一起的,因此,这时讲稿就要在讲座前或讲座之初下发。

在大型讲座中,发讲稿会打断讲座,而且耗时。有的讲授者喜欢将讲稿扇形散开,堆在教室门口,方便学生进来或离开时领取。有的讲授者喜欢把讲稿分发给几位学生,让他们帮忙发给所有学生。现在,越来越多的讲授者选择提供网络在线讲稿,让学生自己去打印,并带到教室。

任何时候讲授者都应该给出讲稿的使用说明,并监管学生正确使用讲稿。讲授者要提醒学生不要在讲座中通读讲稿,而要专心听讲。如果讲稿中含有幻灯片图像的复印件,让学生抬头看屏幕上的幻灯片,并在复印件上添加注释,而不要去阅读复印件,否则会分心,失去头绪。

讲座前讲稿与下载

学习技巧的相关研究常常建议学生讲座前要做好预习,对讲座的主题进行思考,并围绕要讨论的话题进行有针对性的准备。讲授者可以通过提前提供讲座概要或讲稿来帮助学生预习。

针对学生如何使用讲授者提前提供的在线材料,我们给出以下建议:

- 在细读前,先快速浏览一遍,整体理解所要学的内容,标出重要信息。
- 对讲稿进行批注——在讲稿的边缘写上自己的评论和疑问。
- 对关键术语进行标注,用字典查阅那些不太有把握的术语。在讲稿上添加定义或解释。
- 将讲稿下载到自己的电脑中,并按最适合自己的学习方式重新定制讲稿(例如,有的学生喜欢在讲稿上留出双倍的空间或添加额外的空间,以便到时做笔记;而有的学生则喜欢将讲稿的内容消化后转化成图表,而不喜欢文本形式)。

使用交互式讲稿的案例研究

呼吸系统第 15 讲是对大一医学和药剂专业混合班所开展的系列讲座中的第 15 场讲座。讲座中穿插有演示、解释、提问和学生活动。这场讲座不仅展示了如何在生动活泼的讲座中使用交互式讲稿,还展示了如何激发学生的潜在知识,如何鼓励学生运用所学知识去解决问题。

- 讲授者首先欢迎混合班学生的到来。然后将学生的注意力引向一张照片。照片中一位男士,正躺在重症监护室,他肋骨断裂,呼吸困难。该活动立刻吸引了学生的注意力,并向学生揭示了学习的内容及其重要性。学生在进教室的时候已经拿到了讲授者的讲稿。讲授者向学生介绍交互式讲稿,并让他们准备参与下面要进行的活动。讲授者用幻灯片将讲稿投影到屏幕上,并讲解其中的重要信息,以帮助学生复习、激活前面学过的知识。

- 12 分钟后,讲授者设计了一个活动,让学生用 2 分钟时间分小组讨论"降低换气频率的因素有哪些",讨论结束后,讲授者让学生举手回答问题,从中收集答案。活动会持续大约 10 分钟。然后讲授者会描述和讨论需要填到讲稿中的缺失信息。

- 讲座进行到 25 分钟时,讲授者进一步的解释,并推导出呼吸衰竭的定义,让学生将定义填写到讲稿中的"基本定义"一栏。

- 然后,讲授者鼓励学生去思考 I 型呼吸衰竭和 II 型呼吸衰竭中氧气和二氧化碳的特定含量。接着,讲授者让学生通过投票的方式选定经过讨论和评估的特定的数值,然后填入讲稿中的"标准"一栏。

- 讲座进行到 33 分钟时,讲授者让学生阅读三个案例简介,并分小组讨论。学生必须区分哪些属于 I 型呼吸衰竭,哪些属于 II 型呼吸衰竭。

- 讲座进行到 36 分钟时,讲授者请部分学生说出自己的答案,请大家对这些答案进行讨论、评估,然后把正确的答案填写到对应的地方。

- 讲座进行到 40 分钟时,讲授者告知学生在最后总结前,将给他们 5 分钟的时间提问。

- 讲座进行到46分钟时,讲授者对本次讲座的要点进行总结。

总结

讲稿是现代学习实践中一个重要的助手。讲稿有不同的风格和形式。如果设计得好,利用得当,讲稿可以帮助学生大幅度地提高学习质量。讲稿与课外和网上(例如,黑板上或异步课程传递及管理系统)学习资源的联系方式不断变化。讲授者应该紧紧抓住教学目的,将焦点对准"我应该怎样让学生使用我提供给他们的材料",从而做出最适合自己和学生的选择。有很多切实可行的选择来实现这种方法。

扩展阅读

如你想了解更多关于本章话题的内容,或者想得到更多切实可行的或技术性的建议,下面我们提供了少量的阅读书目,从中可以找到一些有用的信息。本书后面还有更详细的参考书目。

[1] Huxham, M. (2005) 'Learning in lectures: Do "interactive windows" help?' *Active learning in Higher Education*, 6(1): 17-31.

[2] Klemn, W. R. (1976) 'Efficiency of handout "skeleton" notes in student learning', *Improving College and University Teaching*, 24(1): 10-12.

[3] Morgan, C. H., Lilley, J. D. and Boreham N. C. (1988) 'learning from lectures: the effect of varying the detail in lecture handouts on note-taking and recall', *Applied Cognitive Psychology*, 2(2): 115-122.

第八章　讲座中的主动学习及
　　　　互动表决器的使用

导言

在本章中,我们试图鼓励讲授者在阶梯教室通过多种途径来丰富学生的学习体验。连续几个小时坐着听、做笔记,这点很难做到(当你参加会议,在听了一整天的讲座后,还记得是什么感受吗?)。我们不认为讲座该像詹姆斯·邦德(James Bond)的电影剧本,但是,我们认为讲座中应该包含不同的活动、不同的演示方式,应该尽力用多种方式唤起学生的感官。从讲座呈现的角度看,一些简单的方法就能对学生产生不同的刺激。如第三章描述的那样,把讲座简单地分成背景、内容、结尾,这已是调整整体经验的一种方法。为了增强学生的注意力和参与度,鼓励他们思考,建议讲授者把"讲座的输入"分成几个小部分,中间插入学生的活动,为他们的主动学习和师生间的互动提供机会。

最近互动式手机的使用为讲授者提供了一种新的、让人兴奋的途径,可以与大批学习者互动交流,具体的内容在后面将详细谈到。

对于在讲座中引入主动学习方式学生表示欢迎。20世纪90年代,早期的研究称接受调查的学生最不喜欢的教学方式是传统的、说教式的讲座(Butler,1992)。威廉(William,1992)也说她的学生愿意并热情期待在讲座中充当更积极的角色。

> 为什么要在讲座中进行互动呢？
>
> 讲座中的互动能使讲授者：
> - 发现学生的起点；
> - 考查学生的能力；
> - 检验设想；
> - 把整个单元的几个讲座连接起来。
>
> 互动讲座可以帮助学生学习：
> - 使学生热身并保持清醒；
> - 提升学生的接受能力；
> - 使学生适应，发出自己的声音；
> - 帮助学生消化所学知识；
> - 帮助学生接触各种学习风格；
> - 使学生通过表达自己的观点加强学习。

很多学生说与传统的、说教式的讲座相比，他们更喜欢互动式讲座。一些人还称他们感觉通过互动式讲座能学到更多的东西：

互动式讲座迫使我在讲座中进行思考。

是的，互动式讲座的想法不错。与普通的讲座相比，我确实通过互动式讲座学到了更多。

我认为反馈和互动总是有利的，因为更多的想法和不同的观点被提出来并加以争论。互动迫使你应用理论，更加充分地理解材料或理清自己不理解的东西。

是的，我确实学到了更多，听到了自己没想到而其他同学提出的观点，扩展了对概念的认识。而且与讲授者进行交流能消除代表权威的讲授者和无话语权的学生间的权利动态变化。

（社会学学生参加交互式讲座后表述的观点，Crowe and Pemberton, 2002）

交互式讲座有助学习吗?

交互式讲座能更好地起作用吗?学生能更深入地理解材料并长时间地记住吗?在考试中他们表现得更好吗?很多讲授者探索了交互式讲座的使用,并形成了自己的见解。该书中含有很多例子,讲授者和课程设计者对他们的讲座进行评价,试图评定这种教学方式的有效性。

很多讲授者对于在讲座中引入主动学习方式做出了积极的反应。

我们敢说在讲座中开始理解并着手处理难题能使学生成为积极有效的学习者,在讲座中学生通过小组练习和其他积极策略"拥有"材料、参与课堂,学生更有可能取得较好的学习效果。如果是那样的话,我们期待学生不仅愿意根据那些使他们感觉轻松的材料回答考试中所提的问题,而且能表现得更好,如获得更高的分数。

这正是我们所发现的。尽管现在下结论还为时过早,但交互讲座这种模式使用的结果是鼓舞人心的。

(Crowe and Pemberton,2000)

然而,在一门庞大而复杂的课程中,改变教学的一个方面就能使所有的学生受益,这一点很难证明。有很多不能控制的因素和偏见。一些学生可能喜欢参与性强的学习方式,因此更投入于课程资源和所传达的思想;而其他学生可能更偏向于被告知该记下什么,以便通过考试。那么,应如何衡量一种教学方法的成功与否呢?讲授者可以通过采访学生,了解他们学习的效率和他们的讲座出勤率,比较他们在考试中的表现,记录下学生将来的课程选择及将来对这一课程的兴趣表现;也可以使用很多有效的问题为自己的课程创建一幅教学效果的图景。

讲授者不可避免地需要考虑学生的不同学习风格及期待。讲授者的魅力和技巧很大程度上会影响学生的经历和偏好。总之,很难完全证明这种影响,在一个因素多变的实验条件下,确定因果关系尤其困难。然而,很多文章支持在讲座中引入主动学习方式,很多讲授者也表示在他们各自的讲座中应用主动学习方式起到了积极的作用。这为交互式讲座的有效性提供了有力的证据。

个人的选择

显然,参加讲座的学生数量、讲座所用场地、讲座的主题、讲授者的教学风格及偏爱将决定所引入学习活动的频率和适合度。刚开始做讲座的讲授者也许希望建立自信,提高教学技能,开始将本书所提及的技巧运用于讲座之中。如果有可能,开始时尽量在有利的环境下进行小班、小范围的活动。理想的状态并不总存在,"发展增量方法"也许不适用一些新教师,因为他们(尤其是新的兼职教师)做讲座的机会相对很少。

为什么不?

邦威尔和艾森(Bonwell and Eison,1991)表示把主动学习应用到讲座中有很多阻力,包括传统教育的影响,打破常规可能失去同事和部门的支持。前面我们也提到过一些学生的反应,他们更偏爱说教式的、被动的讲座。将主动学习引入讲座的最大障碍是这种形式可能会给讲授者带来各种形式的个人风险。我会不会失去对讲座现场的控制?我会不会失败?如果在讲座中问学生问题,学生会不会敷衍了事?同事会不会认为我没有好好教书,违背了我的责任?在考虑把主动学习应用到讲座中时,很多常见的批评和困难被提出来。表8.1列出了对这些批评和困难的回应。

表8.1 将主动学习引入讲座后,常见的挑战和可行的回应

挑战	回应
互动使传递内容的时间变少	大部分讲座的内容过多,减少输入也许有利,实际上是促进了学习
学生只想要一套讲座笔记供以后学习	互动不会妨碍记笔记,讲授者仍然可以提供结构清晰的笔记
讲座就是传授学生知识	互动可以让讲授者了解学生已经听到并理解了讲座中所讲的内容

续表

挑战	回应
学生讨厌互动,不会参与互动	需要向学生介绍这种教学方法以及为实现教学目标所设计的教学活动
学生知道的不够,还谈不了	学习任务的选择至关重要,谈论也许不恰当,但新观念的应用刚好
讲授者问到的问题学生答不上来怎么办	这表明学生在思考,这不是为难个人。学生可以查阅其他的资料,主题可以在以后的讲座回顾或通过VLEs课程回顾
学生可能只是讨论昨晚的足球赛	任务设定后,给出明确的中心、时间表及结束点。在教室走动监督学生的活动,很少有学生会偏离课程的
讲座是不是丧失了其清晰明了性	理论讲座,需要清晰的结构,一开始就应该告诉学生讲座的结构,保持输入和互动的平衡

毫无疑问,用这种方式做讲座确实要求讲授者有独特的技巧,适应角色的转换。对于小组教学(参见《小组教学》,Exley and Dennick 著,孔令帅译,2018),讲授者有责任创建恰当的互动活动,有责任回复学生的评论和反馈。正如讲座技能需要通过在教学实践中审视自身的优缺点,从而不断进步,把主动学习引入讲座的技能也是如此。新教师可以向其他人学习,从这章中获得些想法,准备好学习,建立将主动学习引入讲座的个人观念,树立自信。

我能做什么?

如果被说服在讲座中尝试引入主动学习,讲授者可以从以下三个基本方面影响学生所为:

- 学生所听;
- 学生所见;
- 学生所为(个人所为或组中所为)。

这章将围绕以上三方面,关注学生在讲座中的体验。

调整学生在讲座中所能听到的

讲授者的声音是学生听到的最重要的东西。常常有学生抱怨讲授者声音单调。所以,讲授者控制好自己的声音非常重要。讲授者可以通过改变音高和强度来调整自己的声音,或通过暂停以示强调,或在讲座中自然地停顿以帮助学生有效地听并保持注意力集中。

录音

在很多课程中,让学生听名言警句和录好的声音来阐述讲授的内容可能是很有用的。比如生态学或生物学课程上播放的不同鸟类声音,医学课上听到的心脏杂音录音等。在其他课程中,学生通过听声音样本,还可能获得信息,获得激励,如采访一名政治家、乐队指挥或女企业家的录音。

讲授者也可以自己录音来阐述特殊的学习内容。这些学习内容可能是真实的或有激励作用的,如牙科医生和病人的谈话、市场部经理和客户的谈话。单纯的声音不受图像的干扰,可以强有力地激起学生的思考。学生有更多的空间对此做个人的诠释,发挥个人的创造力。这种方式也更容易匿名化,如需要保护个人隐私的很重要的谈话。

偶尔,讲授者可以在讲座中播放音乐。可能讲座的主题是音乐或强调正在讲授的某一点。播放音乐也可以让学生稍作休息,停止做笔记,放松一会。在持续两到三个小时的讲座中或晚上的讲座中(有部分学生兼职,他们下班后学习),中途播放音乐的时候可能更多。

改变学生在讲座中所见

学生看到的首先是讲授者,也许可以通过小组教学或"讲座二重唱"(Somers and Campbell,1996)来改变这一点。在谈论一个话题时出现两种不同的观点或半结构化的辩论确实可以为生活带来话题,有助于表达主题的复杂性和多样性。

客座讲师

一些课程可能会广泛邀请"客座讲师"来为学生做讲座。他们可能是专家、专业人士、企业家等,被要求贡献他们特定的知识或这一领域的经验,来拓展基本的学术观点。然而,课程主讲人员会认真地、更多地通过书面形式向客座讲师准确、清晰地解释期望他们讲授的内容,会明确地说明一些细节,如讲座的特定时间、重点、学习效果、讲座的范畴等。学生的学术背景、之前的经验、理解水平和上下文的学习等也应该向客座讲师说明。为了保持课程的连贯性和一致性,主讲人员还应该与客座讲师讨论教学风格和讲座中的规范。

使用直观教具

很多讲授者使用各种各样的视觉教具和展示工具来传达信息。第五章详细介绍了几种常用的直观教具。这里想提醒大家,不同直观教具的使用将给学生带来不同的课堂气氛和期待。例如,使用幻灯片反射出专业性教学的风格,学生反映在这样的讲座中,他们很难有机会打断讲座,让人感觉很正式。

体态语

不管我们选择忽视还是强调体态语,事实是我们常常通过体态语表达意义,不管是否意识到,记住这一点很重要。欧文·戈夫曼(Erving Goffman)说:一个人可以停止说话,但不可能停止通过身体语言的交流。人们可以通过身体表达出正确的事或错误的事,但不可能什么也不表达。

(MacNevin,2000)

一些研究(未证实)表明:多达70%的交流是非言语的;在一对一的交流中,更详细的比例被给出:言语占7%,语调占23%,面部表情占35%,体态语占35%。尽管上述数字通常过于武断,但其传达的信息很清晰。讲授者的思想必定影响其语调、面部表情和体态语。无聊感、挫折感会通过讲授者的形态表现出来,学生能明显感觉出来,从而强烈影响他们对讲座的感受。

国家不同、文化不同,对体态语的解读就不同。在商界,需要努力增进对不同文化中体态语的理解。教学中也是如此,讲授者希望避免对学生不必要的冒犯;在讲座中,正确解读来自留学生的非言语的反馈很难。

演示

演示通常指给学生展示某物。在讲座中,讲授者可以根据不同的教育目的,给学生展示很多不同的内容。表8.2给出了一些例子。

表8.2 在讲座中使用演示法

演示类型	实践实例
展示一项技能或程序	例如,演示如何量血压,如何拨动吉他的弦
展示一个样品或例子	例如,给全班同学传阅一块砂岩,把它与大理石进行比较;把最初的手稿带入教室
使用模型来帮助解释抽象或复杂的概念	例如,弯曲一根铁丝来展示细胞核中DNA的构成;让学生做一个波浪的模型表现神经突触
让学生通过个人经历表现自我	例如,反复收缩拳头将经历骨骼肌疲劳;观看可以用多种方式解释的图片
展现一个真实情况或模拟情境或真实案例	例如,给大家展示任务说明和政策文件;使用给承包建筑师的真实的任务指示;让护士记下病人的病史

使用视频剪辑

和录音一样,视频剪辑是一种不同的、振奋人心的方式,把材料带入讲座进行讨论。带入讲座进行播放的可以是专业制作的教学或培训视频,使用自制的视频或录音进行教学也是合理的、通常的做法。但是,需要考虑复杂的版权问题。

版权是保护作者、作曲者、创作者或编程人员的作品未经允许不能复制或公开展示的独特权利。很多大学已经达成了许可协定,教师可以使用电视和电台节目用于教育和评估目的,但必须用于教学,不能用于广告宣传或娱乐,观众(未付费)必须是已注册的学生和教职员工。

有些大学拥有教育记录机构(Educational Recording Agency, ERA)许可,允许合理免费使用电视节目进行教学。

请注意,开放大学的节目和资源不包括在 ERA 许可内,但是涵盖在一个单独的许可协定中。很多大学持有此许可证。

新教师在复制和播放视频之前,应该咨询版权法方面的专家、了解所在学院获得的许可协定,这点非常重要。

使学生个体在讲座中的行为多样化

在非常大的讲座中,鼓励学生参与讲座并在讲座中互动的最好的方法,也许是为他们设计各自的任务,并在讲座大厅内展开。

最常用的方法就是问学生一个问题,请他们思考几秒钟,然后请他们尽量做出回答。讲授者需要在这儿做出第一次大的决定:是否需要知道学生的答案。对讲授者来说,获得学生的回答和反馈可能很重要,有以下几个原因:

- 鼓励更多的学生参与到活动中来;
- 表现出学生说出的答案有用且重要;
- 检查学生到目前为止对讲座内容的理解情况;
- 确认并且能够更正误解;
- 帮助确定下一步做什么。

另一方面,在讲座中获得反馈也许不重要。设计这个任务的目的也许是让学生自查是否理解所讲知识点,或者促使其思考。在这种情况下,反馈也许不必要。讲座中的任务也可能只是为增加学习过程的多样性,或让学生在听课做笔记中稍作休息,当讲授者继续教授时,帮助学生保持注意力。

在任务结束后,讲授者是否有必要听取学生的反馈取决于活动的目的是什么。

有种观念认为:讲座中,学生花在个体或小组活动中的时间是从传统的知识传授中"借"过来的。讲授者的决定取决于他是否有这种观念。所以,讲授者应该清楚活动的目的。对一些内容较重的课程,保持"输入/活动"的平衡看起来可能更难证明是有道理的,因为它可能不代表常态。

[请参照"听取学生的反馈"这部分内容(第 113 页),了解更多如何控制课堂反馈的信息]

个别学生的任务

提问题

很多讲授者在讲座中会问学生问题,但他们表示通常很难让学生做出回答。在提问的时候,给学生思考的时间,让他们写下答案,可能的话,定下目标,将使学生发挥全部的本领。

请至少写下五个好的理由,我们为什么在高等教育中要做讲座。准备好为你的答案并做出合理的解释。

快速写下这个词尽可能多的意思,至少要写出四个。

在讲座中,我们还可以安排学生干什么?表 8.3 对讲座中学生可以承担的任务进行了一个小结。

表 8.3　讲座中学生可以承担的任务

可以要求学生:
- 搜索、选择及组织提供的信息
- 对提供的信息进行缩写或总结
- 解决问题,回答问题
- 设定问题,提出问题
- 对情况或情形做出判断
- 预见实验的结果或介入
- 评估一项设计或商业决定的成本
- 进行诊断
- 列出清单,确定优先要做的事

时间的选择

学生的学习活动在讲座中的时间安排也值得考虑。让我们以"小测试"为例。

讲座中小测试的使用对于讲授者(和学生)来说可以起到不同的作用。刚开始上课前,以上周讲座为内容的小测试可以帮助学生复习上节课的内容,并与这周讲座内容相联系,可以帮助学生快速进入本周讲座内容,也可以用来突出薄弱的地方,如果学生感觉已经知道即将学习的一切,课前的小测试有助于讲授者强调就这一主题仍然有很多需要学习的内容。

上课20分钟后进行的小测试可以改变上课步调,这种不同的学习活动有助于学生专注于主题。测试的问题可以用来检查学生是否理解,检查学生是否真正能够应用所学的知识、理论或原理。

在讲座快结束时,小测试起到对讲授者希望强调的重点内容进行"生动的小结"的作用,起到检查的作用,可以使学生专注所学知识,迫使他们全心投入。测试也可起到媒介作用,把本次讲座内容和下次讲座内容相结合——强调下次讲座将提出的问题。

听取学生的反馈

如果讲座中收集学生的想法和观点很重要,那么讲授者有许多方法可以解决这个问题。投票表决也许是最简单的方式:"谁支持左派观点?谁支持右派观点?谁还不确定?"大家对投票表决有种天然的抵制。学生公开表达自己的观点,暴露自己的无知,可能很拘谨;学生可能只是觉得举着手很傻。讲授者可以在讲座中重复使用投票表决的方式以削弱学生对此方式的抵制,鼓励他们积极参与。也可以用其他方式代替让学生举手。例如,在提问之前,学生站着,然后示意其坐下(表示同意)或仍然站着(表示不同意),通过这种方式表达观点。这种身体的动作可以使死气沉沉的讲座充满活力,是件好事。

如果提供的材料封面和封底颜色对比强烈,学生可以通过展示不同的颜色进行投票。这种快捷的投票方式有其优势,因为可以明显看出谁未投票,讲授者可以关注到未参与者,鼓励他们参与进来。

为获得学生真实的反应,指令中要清晰地告诉学生要他们做什么。如"两分钟后我将要求你们至少给出关于我们需要对本科生做出评定的五个原因"。这种方法很有效,可以对学生的观点进行分类,可以要求坐在教室不同位置的学生给出观点。例如,可以和我们分享一下你们列出的理由吗?从中选一个说说(用手势和眼神的交流进行暗示)。坐在教室这个区域的学生可能感觉更有责任回答该问题,同时也避免了使某个人尴尬。

请学生写下答案或反馈意见也许是恰当的做法。讲授者可以把便利贴传给学生,让他们写下反馈信息或评论(以个人或小组为单位)。小班教学中更常用这种方法。对人数不多的讲座,这也是收集学生对学习主题、讲授者、课程等看法的一种有用的方式。雷斯(Race,1999)认为便利贴的使用可以鼓励那些对言语反馈不够自信,不愿提供信息的学生的参与。

一些讲授者把投影胶片分成四部分,把四部分的内容分别传给学生,让他们写下想写的东西。不是所有的学生都会通过这种方式表达观点,但确实会收集到一些涵盖在讲座中的典型的观点和想法。这种反馈方式的优点在于讲授者可以提前看到并思考学生写下的信息,然后再给其他学生看;四种类型的观点可以马上展现出来,学生可以进行比较,表达不同意见,交换想法等。无论讲座大小,评论都是匿名的。因此,讲授者可以自由评说学生所写,不会批评所写的人。

> **关注的事**
> 请个别学生回答问题是高风险的策略,这可能会使气氛更加紧张。如果被提问的学生不知道答案,或没有回答正确,讲授者很难挽回局面。他/她必须尽量使学生不尴尬,同时向其他学生给出正确答案。被提问的学生可能特别害羞,或者不能在压力下进行交流。这里建议讲授者在非常了解学生,和学生关系比较融洽的情况下使用这种方法,这样能够使学生在讲座中以适度的熟练和灵敏做出回答。

使用交互式讲稿

对于学生人数较多的讲座,不完整的讲稿可以使讲授者有机会向大批学生清楚地发出学习任务的书面指令。向大部分学生只给出口头的指令,他们更可能听错或误解指令。

在对讲稿中的条目进行排列时,应留出合适的空隙和空间,学生可以记笔记、书写答案。在做笔记时,学生很可能不会记下讨论过程或执行任务中所学,所以这部分在讲稿和学生的笔记中通常没有。没有文字记录支持下面这种观点:通过讲座互动部分所学到的知识不如讲授者直接输入的重要、有效。讲座中的讲稿如果以"活页练习题"结合学生的学习活动的形式进行设计,讲座结束后,学生很可能会更充分、更完整地记录下学习过程。

使用交互式讲稿的学生可以进行的活动如表 8.4 所示。

表 8.4　使用交互式讲稿的学生可以进行的学习活动

可以让持有交互式讲稿的学生:
- 完成一张图片
- 补充课文段落
- 把定义、方案补充完整
- 拟定清单
- 绘制图表
- 给图表做标记
- 在表格中填入数字
- 纠正计算、翻译、乐谱等的错误
- 解释提供的实验结果
- 注释或标记示意图
- 给流程图标上箭头
- 在地图上标注出位置
- 通过饼状图、条形图等展现信息

一些讲授者发现交互式讲稿可能成为整个讲座结构上的焦点。(第七章中详细介绍了讲义的使用以及应用的例子。)

丰富讲座中的两人活动或小组活动

上面所阐述的很多个人活动可以延伸为另外一种形式——让学生和旁边的同学讨论他们的看法。同伴间的交流能产生有价值的学习结果(Biggs, 1999a)。通过讨论,学生可以理清他们的思路,因为学生不得不整理他们的想法以便用语言表达出来。他们的观点可能受到挑战或质疑,因此他们需要准备好捍卫自己的观点,证明自己说得有道理。他们练习大声地说出自己的看法,找到恰当的词清晰地表达自己的观点,获得使用本课程术语的经验。所有这些因素都将意味着:在两人讨论之后,学生通常更愿意和其他组或班上其他同学交流想法。因此,对一个特殊的学习任务而言,两人讨论可能是更广泛的讨论或全体讨论的前提。

研究(Nicol and Boyle,2003)表明:在和旁边同学讨论之前,独立进行思考是非常有利的;所有的学生更有可能积极参与讨论,几个学生控制全场的可能性更小;这很有可能提升交流的有效性。

在要求学生进行讨论的时候,讲授者要设法使所提的问题多样化。例如:

- 把自己所列的内容与旁边同学所列的内容进行比较;
- 就旁边同学所列的内容进行提问;
- 在自己和旁边同学之间寻找有趣的不同;
- 和旁边同学达成一致看法;
- 把自己列的内容和旁边同学列的内容合起来,并列出前三项。

小组讨论的组可以是多大?

在座位固定的大型讲座中,两人一组的讨论是最好控制的。然而,如果大家愿意的话,可以叫一组转过身和后面的组一起讨论。如果学生坐了很长的时间,也可以让他们离开座位,靠在书桌旁。但是,让学生在讲座大厅中走动过多显然会扰乱讲座纪律,而且很耗时间。6个学生分别在相邻的两排,可以组成6人的组进行讨论。尽管讨论时最佳是6人一组,如果一个教室地面水平,学生的位置又能移动,可以组成更大的组,但8人以上一组很难开展讨论。

如果能以更加灵活的方式组织讲座,能安排好学生在讲座中以小组为单位坐好并进行讨论,我们将发现第九章讲到的研讨会和综合组在小组教学中很有用。

处理好小组讨论时出现的问题

如果讲授者在讲座中鼓励学生互动和讨论,那么就要想办法尽量使学生更勇敢,能对讲授者提出的问题进行反馈、回复,可能也有其他的结果。传统的讲授者主导地位的转移,使学生更有可能打断讲座,提出问题,挑战讲授者的观点。有些学生喜欢有争议的讲座,然而有少部分学生可能故意捣乱。

讲座中引入小组讨论会出现这样的问题：必须让众多小组的讨论同时进行，同时还要控制好整体活动和噪音。明智的组织可以使这些问题得以解决。通常学生三两人讨论不是问题，但确实需要说服他们组建小组，他们总是倾向于和好朋友组合成小组。

讲授者不应该害怕走下讲台，应该走入学生中间，在过道中来回走，确定学生已经分好组并且正在进行讨论。小组讨论过程中肯定会有很多的声音，讲授者要给出正确、清晰的指令，确定每个学生都知道自己要干什么并严格遵守时间，这是组织好这些活动最好的办法。

这样的小组讨论可以获得什么？实质上，小组教学情境下什么都可能获得。然而小组任务的展开可能需要用到互动材料，每个组也许要讨论出某种结果：问题的答案、一份清单或定义。学生需要把讨论结果读出来或整体收起来，最好展示出来。不是每个组都要执行同一个任务，可以把学生分成特定的小组。

基于问题的学习中的互动式讲座

乍一看，讲座和基于问题的学习（Problem Based Learing，PBL）相互矛盾，它们不太可能共存，甚至不可能在同一课程中相互关联。讲座通常被认为是单方的，无互动的信息传播；而在基于问题的学习中，一组人讨论一个问题，从而产生广泛的活动，提出很多的疑问，可能有很多不同的回答，需要通过个人引领的方式对这些进行进一步探讨。因此，讲座是说教式教学的原型，基于问题的学习是积极学习的典范。但往往表面的现象或认识具有欺骗性。讲座也可以有互动，也可以很活跃。在适当的情境下，可以提出问题，师生共同讨论，这样知识得到应用，问题得到解决。基于问题的学习也不单是一组人积极地讨论问题，在这一讨论过程中，学生也要应用教育资料回答问题，检验他们的假设，涉及使用图书馆、书本、网络、实践经验和讲座。

传统的讲座可能以讲授者为主导，他们在讲座中传送必要的信息和概念，一周的教学中讲座可能达到10~20场。而作为基于问题的学习的讲座，可能一周只有2~3次。传统课程中的学生一周听很多讲座，期待课程大部分用这种方式进行。他们通过传统的方式关注讲座、增长知识、获得知识的多少取决于讲授者的技巧和做讲座的激情。将讲座与基于问题的学习相结合，参与其中的学生的表现会有很大的改观。当他们走进讲座大厅的时候,他们不只是期待长时间的讲座,同时视其为一个机会,找到上次基于问题的学习中所提问题的答案。这种讲座中学生的认知在本质上不同于传统讲座中学生的认知。这样的讲座很特别,设计时要结合学生当时参与其中可能出现的情况,提供机会,让学生交流、质疑,完全融入讲授者讲授的内容中。

基于问题的学习课程背景下的讲座另外一个重要的因素是学生应该能看到一位能人,对学生学习的课程具有很强的专业水平。这样的榜样能促进学生的专业进步,这是不能忽视的。这位能人可以通过他对科目的理解和热爱激励其他学生,他们根据自身多年的经验能指出新手可能出现的问题,激励学生从特定的专业出发考虑问题。

在讲座中使用互动表决器

讲座中进行互动的理由可以归纳为以下几点:
- 吸引学生,激起学生学习的兴趣;
- 帮助学生学得更好,提高学习效果;
- 有助于学生确定并建立起已有的知识体系;
- 帮助学生核实对已学知识的理解,温习已学知识;
- 讲授者可以获得学生对已学知识理解程度的反馈以及对自己讲座效果的反馈等。

什么是互动表决器?

互动表决器也被称为互动式按键、观众反应装置、表决器等,它使讲座和演示的活动发生了革命性的变化。如前文所讨论的,讲座主要的问题之一是缺乏听众的互动和参与。而这个问题通过这些手握装置可以立刻得到解决。互动表决器能够为讲授者或演示者创造一个学习环境,在这个环境中,所有的听众或学生可以对讲授者提出的问题给出答案,或给予其他形式的反馈或回复。

互动表决器是如何起作用的？

讲授者通过高射投影仪或幻灯片展示多项选择的问题。每个学生从备选答案中选择一个，然后使用各自的互动表决器选出一个选项。一分钟左右软件将投影出整个班选择的结果，每个答案有多少学生选择将通过图表展现出来。讲授者依据本讲座要达到的预期效果，通过不同的方式对整个班级的观点进行回复。讲授者可以对学生给出的不同答案进行评论，或者列出不同观点激起全班同学的讨论，或鼓励各组之间进行交流，也可以告诉学生正确答案，直接进入下面的内容。

互动表决器及所需设备

互动表决器看起来像电视遥控器，被分发到每位学生手中（或分发给每个小组）。互动表决器将红外线或无线信号传给接收器，接收器与电脑相连。电脑安装了相应软件，可快速对互动表决器传来的信息进行分析，结果将以图表的形式投影出来。将所有的线路连接起来就形成了教室互动沟通系统。

讲授者可以用不同的方式将互动表决器分发给学生，如可以点名请一组学生帮忙发给全班同学，整个学习期间，学生自己留着；或者由学生购买，课程结束的时候，学校再从他们那买回来。

利用互动表决技术

互动表决技术的运用可以快速获得整个班级中每名学生的投票结果，它有几个实用的优点：学生使用方便，他们可以匿名地、有效地表决；学生可以把自己的答案和其他同学作比较；讲授者即刻就能获得反馈，了解学生是否理解及他们的所想、所感。讲授者可以通过学生的反馈调整自己的行为。例如，"有相当部分学生选择错误，因此我需要用不同的方式再解释一遍。"讲授者也可以用公开产生的不同观点组织辩论和讨论。对一些科目来说，无"正确答案"这个概念，但观点言之有据很重要。可以让学生使用这一技术捍卫自己的观点。

互动表决器可以用来：

- 对多项选择题或客观问题做出选择；
- 对学生的观点进行民意测试；
- 开展调查；
- 使学生对讲座、报告和课程进行反馈；
- 实施评价（形成性评价或总结性评价）；
- 检查每个学生的反应；
- 将"学习前"与"学习后"作一比较；
- 掌控学生的出勤率。

从讲授者的角度看，通过互动可以洞悉学生的理解情况，从而使讲述、讨论更加精炼，达到学生学习最优化的效果。

互动表决器的用途

激活之前所学

在任何教学开始的时候，回顾上次的教学内容和提问都是激活之前所学的有效方式，使用互动表决器可以让讲授者看到学生对之前提出的一系列问题的反馈，利用这些信息来判断开始本次讲座的最佳方式。比如讲授者发现学生在一些知识和理解上的不足后，可以在本次讲座开始的时候多花些时间对之前内容进行复习。

测试之前和之后

互动表决器能让讲授者很容易地评测学生的学习效果并记录结果，如果在讲座的开始简要测评学生的知识、理解、运用和问题解决这些方面，在讲座快结束的时候也可以进行同样的测评，并把两个结果进行对比。讲授者可以把前后两组数据放在屏幕上，那样学生可以看到他们的学习成果，为他们提供重要反馈。学习也可以同教学方法相连，那样讲授者可以用数据来评测和改进教学技巧。

主动学习

互动表决器非常有助于培养学生主动学习的习惯，讲授者在做讲座的时候不再只是单向交流——学生通过互动表决器可以融入各类学习任务之中。学生可以通过互动表决器与讲授者互动，讲授者也可以直接对个人、小组或者整个班级进行控制。学生可以独立进行学习和回答，也可以组成二人组、多人小组、团体等不同方式进行学习。互动表决器的使用可以让学生把精力集中在知识运用、问题解决以及进行更进一步的学习之中。

激励多样性

在第四章我们提过，讲授者应该避免单调的讲解和陈述，讲座中应该采取多样的激励方式。互动表决器的使用可以帮助讲授者很好地实现这点，因为互动表决器可以广泛地应用在多样的提问、活动和交流互动中。在新科技使用的时候会有一个"蜜月期"，学生对新生事物热情高涨，但是如果在任何情况下都使用，学生会很快失去兴奋感，所以互动表决器需要有限制并合理恰当地使用。

检测学生的知识习得、应用和解决问题的能力

互动表决器可以应用于检测学生是否掌握了重要知识点，或者他们是否能够把理解的知识运用于问题解决当中。使用互动表决器可以让学生马上通过回忆解决任务、进行解释和说明，讲授者可以获得反馈，然后做出决定：要么继续讲解，要么重述要点。

观点

互动表决器也可以帮助讲授者获得学生在各个主题上的观点、看法、感觉和情感。这些可以用来评估学生有关价值判断、道德情景和决定中的灰色领域等一系列观点和情感，也可以用来评测学生对情节或者案例研究的反应，讲授者获得的相关结果可以用于得知甚至修改其在一些观点上的表达方式和解释。把学习者的一系列观点曝光，可能话在大多数听众之前阐述，这是一种强有力的学习经历，有可能引起许多有效的反响和学习者的自我评价。

引发讨论

互动表决器可以用来引发和引导小组讨论，通过提出问题，得出一系列回应，然后让学生讨论，让他们在同伴之间为自己的观点辩护。

正规考试

如果互动表决器分配给每个人，在讲座中可以采用形成性考核或者终结性考核模式来对学生进行正式的测评或考试。考试可以采用

多样的问题形式,如多项选择、最佳答案、判断正误和问题排序等。这些可以结合图像,甚至视频设备来创建合适的考试试卷。试卷可以是形成性的,为学习和未来的考试提供标准并测试学生的进展。在恰当的监控情景下,也可以是和学生成绩相关的终结性考试。讲授者可以把形成性考试结果的相关数据展示给学生,但是这一般不在终结性考试中使用。

评估

评估自己的教学是一项基本的活动,所有的讲授者都需要这个环节。在陈述、讲座或者课程的最后,互动表决器可以提供一个简单的评估方式,讲授者可以采用一系列合适的问题,来获得和记录学生的反应。

讲座分支

从学生那里引出的对问题的反应、设想和与议题相关的信息都可以被使用。如果有必要的话,可以改变讲座的顺序,或者创建新的讲座"分支",这需要讲授者有教学的灵活度,以及愿意合理地修改自己的讲座规划。如果课程能倾向以学习者为中心的方法,这样教学就可以更加容易地去应对学生的需求。

尼可和博伊尔的案例研究

尼可和博伊尔(Nicol and Boyle,2003)比较了两种使用互动表决器进行关联讨论的方法。第一种方法是学生先回答问题和给出答案,然后就结果和一组同伴进行讨论,这一过程被称之为"同伴教学"(Mazur,1997)。第二种方法是先让学生在一个小组中讨论观点,之后每个人回答问题,这个过程被称之为"全班讨论"(Dufresne et al.,1996)。表8.5提供了同伴教学和全班讨论两种讨论方法的系列活动。

表 8.5 同伴教学和全班讨论的系列活动

同伴教学	全班讨论
1. 提出概念问题	1. 概念问题提出
2. 独立思考：给学生留时间思考（1～2分钟）	2. 同伴讨论：小组讨论相关概念问题（3～5分钟）
3. 学生提供个人回答	3. 学生提供个人或者小组答案
4. 学生收到反馈——投票结果用柱状图显示	4. 学生收到反馈——投票结果用柱状图显示。全班讨论：学生解释聆听答案（在讲授者的引导下）
5. 同伴讨论：学生说服对方，证明自己答案的正确性	5. 讲授者的总结并解释正确答案
6. 重新测试相同概念	
7. 学生提供个人反馈（修正后的答案）	
8. 学生收到反馈——投票结果用柱状图显示	
9. 讲授者总结并解释正确答案	

（资料来源：Nicol and Boyle, 2003）

这两种方法都有助于学习，尼可和博伊尔研究发现，从同学那里获得认知的同伴教学比全班讨论更有意义。教学人员也发现同伴教学模式在大型讲座中更容易管理和控制。直觉上这个也符合逻辑，让学生去思考，然后自己提出问题，让学生更多参与学习过程，这样减少了少部分人控制对话的情形。讨论形式应该丰富多样，采纳更加广泛的观点，让学生在被其他想法影响之前，有足够的时间去找到自己的思维方式。

总结

通过上述提及的讲座中积极和互动的技巧，可以让讲座不只是信息的传播，学生不只是受一些刺激或者进行记忆上的活动，而是让他们主动去学习而不局限于聆听讲授者的指令。这样能够发展学生高水平的认知能力，知识运用和问题解决才可能获得实现。

不同学科的案例

数学讲座

我经常发给学生一些讲义,讲义中包含我在讲座前半场已经解释并经过加工的方法案例。我要求他们写下一个相似的问题(通常替换我提供材料的数字),我给他们几分钟时间让他们和坐在旁边的一个同学去交流问题,让他们彼此设法去解决对方的问题,之后把讨论结果还给对方。这意味着在这场讲座中他们至少解决了两个问题(自己的和同伴的)。学生也乐意这样去做,因为他们有机会把自己的成果展现给他人。

(基于一位数学讲师的谈论)

地理讲座

因为刚任教,到目前为止我采取唯一的积极学习方法,就是让学生投票选择是否赞同我的观点,或者回答简单的是否问题。刚开始几次我采用这种方法,很多学生弃权,什么都不选择。后来我发现我要求他们投票的次数越多,越多的学生参与其中。我很乐意采用这种"保守投票"的方式,例如,开始请每一位同学举手,然后通过放低他们的手进行投票来选择他们的喜好。我想让所有人都去投票,刚开始时还是感觉有点困难。

(基于一位新地理教师的谈论)

护理学讲座

我在讲座中经常采取临时小组讨论,把一些话题分开让学生讨论。我问一些问题,目的是使我所讲述的内容与学生在病房或者在实践中的经历相联系。相关理论的清晰表达对学生非常重要。讲座中许多成年学生有时候都不是很自信,我想,这种不是很正式的小组讨论可能会使他们感觉更加舒适。如果我要他们写出一个可能导致心脏病的原因列表,我只需简单在小组中叫他们给出建议,有些比较胆大的学生就会把答案说出来。另外一种处理方式就是让他们每个人都给出自己的答案,然后通过幻灯片放映提前列出的导致心脏病的原因,最后让他们把没有列举到的写到他们的笔记本上。采取何种方式主要看讲座中讨论时间的多长。

(来自卫生保健中心的一位护士)

电子工程讲座

当我解释一些比较困难和复杂的内容的时候,我通常采用图示方法,而且效果不错。比如当我讲解电流在特定电路中流动的时候,我先讲基本原理,然后给学生展示图表。图表需要学生完成,他们需要用正负极标志来进行注解。我发给学生讲义材料,材料中有两个未完成的图表,需要学生完成图表的上面部分(可以自己完成或者和同伴共同完成)。我给他们几分钟时间,然后在幻灯片上给出正确的标注方式。这样他们可以检查自己的作业,如果做得一塌糊涂的话,他们可以把正确的答案抄下来,在笔记本上做好清晰的记录。这样可以让学生思考他们所做的,而不单是直接从幻灯片上直接抄正确答案。

(一位做电气工程研究的博士后)

医学教育讲座

在大班上课时,学生通常都不情愿单独回答问题,冷冰冰地点名或者围绕一个圈去回答一系列问题,这样让学生很焦虑,有时候甚至会让一些学生蒙羞。学生通常不知道如何做出反应,害怕讲授者讽刺性的评价,或者犯错时候同伴对自己的嘲笑。这样的过程通常不可能拥有进一步的互动。

如果我先以某些方式预热,学生就能给更多的反馈。一个友好的介绍:对质疑者表示感谢,承诺"没有愚蠢答案"。这些都可以打破僵局,鼓励学生对问题做出积极反应。提出问题,让学生先思考一会儿,然后让同伴之间对答案进行讨论,这些也具有打破僵局的效果,也会得出更好的反馈。

有些学生不情愿单独回答问题,但我并不认为所有学生都是如此。通常学生并不介意举手,尽管有时候需要采取一点技巧来保障每个学生都能做出反应。举手回答可以应用于传统的两分法(正确或错误)的问题,也可以应用于多项选择问题。讲授者应该把问题呈现在屏幕上,并提供多样的反馈形式,然后给学生一些时间来思考并写好他们的选择。如果完成的话,接下来就可以问"认为答案是正确的请举手"或"认为答案是第一个选项的请举手"或"多少人认为答案是第二个选项",等等。

(医学教育方面的一位讲师)

问题为导向的医学课程讲座

问题为导向的学习过程重视和鼓励学生在学习中积极参与,从而促进他们的理解。另外也给我的以讲座为基础的计划、教学和评价带来一系列挑战。我需要反思在大班教学中以问题为导向的学习环境,需要摒弃之前常用的消极讲述方式,我的目标是创建学生能够提问的氛围,讲座中可以争议和讨论概念。我不再是站在讲台上面播放幻灯片,最后提两个问题便消失的教师。

良好的开端需要通过提问了解学生已有的知识,借鉴小组其他学生的经验,来创建一个舒适的氛围。这个方法需要激活学生之前的学习,使学习者已有的知识与讲座中的新知识建立起联系。

在准备以问题为导向的学习的讲座中,我把学习的内容同临床案例相结合,这样不仅可以按步骤传授知识,而且学生在临床实习时可能会直接遇到讲座中讲过的类似场景。

通过展示日常案例的关键点,有机会把学习的基本概念和临床科学相结合。根据对讲座时间的掌握,有时候"不需要把事情透露",我的意思是,在问题为导向的学习的第一部分,使用设计好的文本用来提供全方位的讨论。如在讲座第一部分和第二部分之间(提供更多有关病人/临床信息,如病史),不必提供一些信息,因为那样会导致学生不能够集中注意力于一个特定领域,不必讲述关于某一主题宽泛延伸的看法——如"我讲到这点,因为这个星期的案例重点集中在心脏病,当然还有其他原因可能导致胸痛"之类的话应该避免。

以问题为导向的学习体系鼓励学生在学习过程中积极参与,因此我的讲座要促进积极学习。我教学中使用的策略包括相互讨论、学生在讲座中完成讲义材料、讲座开始和结束的时候使用互动式手机来评估学生的知识应用等。

我鼓励学生在讲座的过程中提问,而不是在讲座最后来处理问题。我需要确保在处理问题的时候不能贬低学生——以问题为导向的学习的口头禅是"没有愚蠢的问题"。这种方式可能使讲座被打断,这确实也是个问题,因为你有可能失去讲座的线索或者打乱讲座的结构。这点我想可能会使那些没有经验或对课程了解但缺乏自信的讲授者有点恐惧。如果你花太多时间在一个领域,你需要有足够的技巧和自信继续进行讲座。

在讲座的最后,我可能会提出一些问题让学生自我反思,鼓励学生考虑一系列问题或许能引导他们考虑如何去准备听讲座——下次讲座中,学生是否能做出改进?

采用以问题为向导的讲座方式促使我评估在情景中如何讲授。作为一名专业教师,我通过我的行为和态度,来创建以问题为导向的学习氛围。我享受这种挑战,也从自己的教学实践经历中不断学习。据我所知,我和其他教师讨论的时候,大多数人在这种教学氛围中享受挑战。

(Gillian Manning 博士,诺丁汉大学生理学讲师)

心理学讲座

格拉斯哥大学心理学系的史蒂夫·德雷珀博士发现使用互动式手机在以下三个方面有助于他的讲座。

- 提出一些简单问题来确认学生是否理解,在每一个单元之后确保学生已经掌握了主要观点,或者告诉学生哪些观点他们需要重新再看看。这样可以给学生讲座结束的感觉,同时也给予他们群体感(看看他们是否都理解,或者还有什么困难;告诉他们是否需要和如何与大家相互沟通)。

- 问题的回答可以引导我下一步所讲。如果学生回答得都对,我可以继续往下讲;如果学生还有很多问题,我会再从细节上重新进行解释。这很显然是改进讲座的一个好办法,但是我们更多时候应该将这种办法使用在难点集中的地方。

- 互动式手机帮助讨论顺利进行。比如设置难题,让学生投票,不需要口述答案,能够让他们与旁边的同学讨论最佳答案等。

个人应答系统在遗传学讲座中的应用

最近,我的讲座转向使用个人应答系统(Personal Response System)来与学生进行问答和互动。这套系统中学生手持红外反馈器与我讲座的幻灯片相结合。我第一次看到这种设备是在美国参加会议,那个时候花4000英镑可以购买到95台手持设备、红外探测仪、相关软件和一部用于和学生互动的专业笔记本电脑。那个时候这套系统还没有在英国使用,通过我校提升教学计划资助,我从美国买来了这套设备。现在看起来我当时有点疯狂,因为在我的同事看来我在电脑技术方面还没有脱盲。幸运的是,我有两个同事是技术方面的专家,他们帮我安装好系统。刚开始时我们使用美国发过来的软件确实有很多困难,后来使用来自另外一家公司的RXShow软件,之后我们就可以顺利使用了。很高兴的是,RXShow软件专门向我这样的技术恐惧者提供了一些幻灯片模板,通过简单的粘贴和改动幻灯片我就可以自己制作幻灯片。我可以粘贴一些图表和问题来测试学生的知识、观点和想法。

设备是如何运作的呢?首先将笔记本电脑(或台式电脑)与数字投影仪相连,然后通过USB接口同红外探测仪连接,投影大概在讲座大厅比头高一点的前方(刚好在白板上方),接下来每个学生可以领取到编好号码的应答仪器(可以特定分发或者随意分发)。我发现买合适的应答仪器携带盒非常有帮助,那样可以给应答仪器编好号码,特别是在给大班上课的时候可以让学生找到特定的仪器。

在讲座互动部分的第一张幻灯片就是先"注册",告诉班级每个成员用他们的单元号码作为他们独自的"身份"。学生通过按"1"键登录,当接收器接收到信号的时候,颜色改变表明已经确认身份。两个学生可以在一起,因为上课注册时学生通常被分配到同一数字单元。这个阶段需要花几分钟时间,因为一大群学生,有些会遇到电池没电或者按错按键等问题。还好电池使用时间较长,并可以充电。另外,在可以容纳200人的大教室里,每个接收器都能很好地接收到前面的信号(当然,接收器放在别人大脑后面另当别论)。之后就可以进入常规的幻灯片或者第一张有关问题的幻灯片,选项一般有正确、错误、弃权这三个,或者是更多的选项(最多可以有九个选项,我最多一般设置五个选项。),通过学生使用他们的仪器和转动幻灯片,来记录反馈者的进步比例。大教室的一个缺点是,比例不可能达到100%,但是学生在按了按键之后他们都将做出贡献。单击下一个幻灯片的时候,就会出现根据学生反馈信息生成的柱状图或饼状图(根据选择的设计模式),显示出每个选项所占的比例。你和学生都可以看到投票的各个份额,然后你可以进一步告诉哪个选项是正确的。(当讲授者公布前面几个答案都是错误的时候,下面有些之前没有按按键的学生可以按最后一个选项的按键,提升最后一个答案所占比例。)

其他的幻灯片的模式都可以通过单击一些特定号码的反馈器来让学生来回答讲授者的问题(学生有点恐惧)。另外的模式是让学生通过投票来回答特定问题,学生通过按"1"来投票。我试验后,发现在95名大二学生当中,这两种模式都不是很受欢迎。然而当问到他们手中的应答设备对增进他们理解是否有用或是否非常有用时(采取匿名投票,不显示具体数字号),83%的学生持肯定态度,15%中立,还有2%选择没有帮助。

我认识到这个系统还有其他很多用途,包括如开学第一周和新生见面的注册会议(设法评测他们之前在学校所学知识)、专业学术人员会议等。学生建议在每个主题单元介绍之后(大概三场讲座),用十来分钟时间测试他们所学知识……我也会检查一下是否有没有电的设备,或者是否有反应器丢失。

我喜欢这个系统,相对来说它的价格可以承受而且便于携带。仪器确实不错,可以调动所有人参与,包括那些非常害羞的学生,他们可以告诉讲授者自己对某个问题的看法。讲授者在进入下一步讲解之前,可以了解学生是否真正掌握了已讲的知识。到目前为止我发现的缺点,就是幻灯片显示学生记录数据的时候,不能告诉学生每次他们的投票是否已经记录(图片中只显示已投票的百分比),然后如果他们持续按键又会结束。我已将该系统推荐给我所有的朋友。

(Liz Sockett,诺丁汉大学遗传学教授)

 扩展阅读

如想了解更多关于本章话题的内容,或者想得到更多切实可行的

或技术性的建议,下面我们提供了少量的阅读书目,从中可以找到一些有用的信息。本书后面还有更详细的参考书目。

[1] Andreson, L. (1994) *Lecturing to Large Groups*, Staff and Educational Development Association Paper 81. Birmingham: Staff and Educational Development Association.

[2] Biggs, J. (1999a) 'Enriching large-class teaching', in *Teaching for Quality Learning at University*. Buckingham: Society for Research into Higher Education and Open University Press.

[3] Collett, P. (2003) *The Book of Tells*. London: Bantam. An up-to-date book on body language.

[4] Cown, J. (1998) 'How should I get started', in *On Becoming an Innovative University Teacher*. Buckingham: Society for Research into Higher Education and Open University Press.

[5] Davies, P. (2003) *Practical Ideas for Enhancing Lectures*, Staff and Educational Development Association Special 13. Birmingham: Staff and Educational Development Association.

有用的网址

1. http://.id.ucsb.edu/IC/Resources/Teaching/interactlecture.html
2. http:www.active-learning-site.com/index.html
3. http:www.keepad.co.uk

第九章 播客与电子讲座

导言

  本章探讨课堂外授课材料的设计、传递和有效学习的技术使用。本章的焦点是播客授课的使用和高等教育、继续教育中电子讲座的发展。在此,我们从数学、哲学和地理学等学科中选取了一些小案例来讨论讲授者运用播客授课和学习的经验。

  此外,我们还综述了近年来关于学生对这些新资源使用方面的研究,以此作为播客对传统教学影响的讨论的一部分。

什么是播客?

  播客是指传输到网上的音频、视频数字文件库,网友可将其下载到自己的电脑或其他便携式数码播放器中(如 iPods——podcast 和 podcasting,这些术语最初源于 iPod 和 broadcasting 的结合)。学生可以随意下载这些数字文件,但一次只能下载一个文件。学生也可以订阅播客课程,这样只要他们把 MP3 播放器连接到电脑上,就可以将播客课程中的一系录音材料转移到他们的播放器中。这种模式通常被称作"播课"(Jones,2006)。

  播客的一个重要特征是它可以下载,这就意味着不必连接网络,到网上去听,而是可以带走随处听。因此播客给予学生随时随地学习授课材料的灵活性,如室外慢跑、散步,甚至赶车去学校的路上都可以学习。

不同于其他各种在线媒体传递,播客是一种基于订阅的传播模式。这就意味着学生用户可以订阅,然后利用播客软件自动核查和下载新文件。这一模式很适合向学生提供每周授课讲稿,或及时向学生提供需要的实时引导与反馈。

播客的发起者,或者我们所说的"播客之父"亚当·库里,就是一个音乐电视网方面的电视短片节目主持人,热衷于利用该技术来下载音频广播节目到音乐播放器中(Campbell,2005)。现在很多电视和广播节目都有相关的播客。大学里也正在把一些公共讲座和主题演讲制成播客,使之能下载,从而得以广泛传播。

技 术

音频材料是运用声音记录程序(如 Garageband 或 Audacity)创建的数字形式材料,然后保存为 MP3 格式,发布到网络上供用户下载。播客用基于网页的新闻聚合技术(Real Simple Syndication,RSS)来传播资料。使用 RSS 源的好处在于一旦某个学生订阅了课程播客网址,并链接到源,他就可以一直在线,那么发布到课程网址上的任何更新都会自动地被瞬间发现、识别和检索(Hargis and Wilson,2005;Ractham and Zhang,2006)。播客的相关流程如图 9.1 所示。

第一步:创建播客(保存为 MP3 文档)

第二步:发布播客(发布到 RSS 源和托管网站或虚拟实验环境)

第三步:下载播客(用聚合软件比如 iTunes 下载播客,然后同步到 MP3 播放器)

(资料来源:改编自 Dale,2007;Huann and Thong,2006)

图 9.1 播客的相关流程

将资料转移到移动设备(如苹果音乐播放器)被称为同步。有的设备需要特殊的聚合软件才能实现(如苹果音乐播放器就需要使用iTunes)。其他设备的作用就像记忆棒,当和电脑连接后,材料就能被复制到它们里面。在教学环境中,一个可行的办法就是将播客上传到虚拟学习环境(如 Blackboard 或 WebCT)。学生可以在虚拟学习环境中直接收听或下载到他们的音乐播放器中。

更多的术语

在本章中我们主要讨论音频材料,随着其广泛使用,学生可以获得这些材料并下载到任何 MP3 播放器中,现在音频的使用已经十分广泛。

- 视频广播:这是指材料以视频而不是以音频的形式传播。
- 屏幕录制:这是从电脑屏幕上生成和拍摄下来的可视材料,例如,一份文字讲稿或一套幻灯片讲稿。通常,学生也需要用电脑获取和观看这些屏幕录制。
- 电子讲座:通过联合播客和屏幕录制就可以实现电子讲座。授课者可以将演示文稿的幻灯片和一些数码照片拍摄下来,并插入与视频同步的讲解,学生就可以在他们的电脑上同步观看和收听授课。本章随后将更详细地对其进行探讨。

为什么要用播客授课?

现在越来越多的讲授者看到了把他们授课内容录制下来,并制作成 MP3 文件的格式供学生们下载使用的一系列优点(如 Campbell,2005;Morgan,2006)。

播客授课具有以下优点:
- 学生可以反复听他们没有完全弄懂的授课内容。
- 学生发现播客有助于复习。
- 对有阅读障碍的学生和其他发现在讲座中很难记下笔记的学

生也很有用。

- 非英语母语学习者认为再次听到授课内容能够减轻他们听课的压力。
- 没有出席讲座的学生至少也有机会获得部分的学习经历。
- 它还可以提供更多的方法来支持远程学习者和那些受空间、时间和费用限制而不能进入到讲座中的学习者。

目前在对播客的研究中，有一个方面还没引起足够的关注，那就是播客对讲授者的影响。这一过程能用来评价和进一步提高教学技能吗？例如，反复倾听播客是否有助于讲授者改进和提高技能？思考如何组织和构造播客会反作用于思考课堂教学的组织方式吗？

然而，这种技术的使用也引发了就传统课堂教学的目的和优势的更深层次的探讨。如果能很便利地提供课堂录音，就能大规模地降低高等教育的成本，而且又能使学生灵活方便地学习，那么为什么不能把所有的课都讲一遍，然后录制下来，将其制作成 MP3 文件供今后的学生下载呢？换句话说，就是为什么不能用播客取代传统讲座（Hearnshaw，2006）？

> **思考片刻**
>
> 随后我们会回到这个问题，但是你会发现暂停一下会有好处，思考一下，你为什么要授课？通过播客授课可以达到哪些目标？

当前需要考虑的一些重要议题

跟播客相关的一个重要议题是知识产权和获取讲座内容的渠道。换而言之，讲授者的授课内容将出现在哪里？谁将拥有它们？

从机构和体制层面看，大学可以决定是否通过网络为每个人免费提供播客授课（如美国的伯克利大学），或还是只向那些在大学网络安全系统中注册并提供了密码的大学生提供。后者是目前应用更为普遍的方式。

然而,播客可以被永久下载并能轻易传播的优点使得这一技术与实时音频媒体和其他多种形式的计算机辅助学习方式截然不同。那些想使用播客授课的人首先需要查看学校的政策以确认该授课材料的所有权,而且要知道一旦他们的播客被播出,他们几乎不能控制谁将会听到他们的授课内容。

至于其他形式的授课内容录音(如一个学习上有困难的学生对授课内容私自进行的录音),我们可以让学生签订使用者协议,规定该播客只用于个人学习。然而这种做法的成效如何仍有待测试。

一些美国的大学正在探索其他方式的版权使用方法,即所谓的"创造共享执照"。根据该做法,当人们向学校和相关讲授者支付一定费用后,他们就能拷贝或传播播客(Read,2007)。

制度体系的支持

迄今为止,英国大多数的大学都采取了一些相对个性化的、独特的方式来推进播客和电子讲座的发展。很多大学不仅提供技术支持,而且还提供硬件和软件支持。但是这种支持仅仅停留在对个体爱好者的鼓励上,而不是试图按学校层面的要求和体制来研发。当然也有一些例外,如纽卡斯尔大学的语言学习方法就因大批量的多语种的播客音频文件而得以拓展(播客地址为 linguacast@ Newcastle University)。同时,该大学的图书馆游览目前也用多种语言通过播客向外传播。

美国的大学则使用了很多方式。例如:

- 杜克大学给所有的新生发放苹果公司的音乐播放器,还研发出了大量包括播客授课在内的课堂应用方式(Read,2005)。
- 西拉法叶的普度大学有一个大规模的播客项目,该项目源于图书馆早期向学生提供缺失课堂录音的尝试。从 2005 年开始,该大学开设了 70 多种网络播客课程,并实施系统的技术支持,这就意味着所有的讲授者在教学的时候只需要带上一个麦克风,技术人员就会完成其他的工作来把授课内容传到网上。
- 密歇根大学的安娜堡牙科学院为了减轻讲授者的工作负担,

雇用学生通过阶梯教室的音响系统来记录讲授者的讲座,然后将数码材料放到网站上。

■ 斯坦福大学通过与苹果公司合作,采用iTunes来发布播客视频和电视广播,其中一些资料免费对公众开放。

怎样运用播客

麦克伊莲妮(McElearney,2006)曾详细地描述过制作、发布、接收、收听播客的技术流程,他的描述包含六个步骤,详见表9.1。

表9.1 使用播客的六个步骤

制作和发布播客	
1. 录制和编辑材料	用麦克风和音频录制/编辑软件直接录制到电脑上,或通过便携式录音机录制到电脑上(如Audacity软件)
2. 网上发布材料	需要获得网络服务器和文件转换软件(FTP) (如WebCT文件管理器、Dreamweaver文件管理器等)
3. 制作RSS源(选择性的)	用于订阅或基于课程的材料(它检查站点,自动前往任何新增加的材料) 可以用XML手动编码制作,或采用如FeedBurner等的在线服务制作
接收和收听播客	
4. 订阅RSS源	需要一台联网的电脑和播客捕捉软件来定位和管理下载新材料(如iTunes或Juice软件)
5. 下载	同上条,或遵从虚拟学习环境中的菜单说明 (单击右键——目标另存为——从WebCT里面进入)
6. 收听和同步到MP3播放器	在Windows系统中用Windows Media Player播放媒体文件,包括MP3格式的文件或同步到MP3播放器中 普通的MP3播放器,可以当记忆棒使用,用来复制转移文档 ipod和Mac用户可以用iTunes软件来订阅、下载和同步

不同的播客形式

学者们应用这种技术的形式各不相同,并用该技术来辅助不同的讲座设计。

- 完整讲座播客。有的讲授者直接戴上麦克风,将讲座完整地录下来,几乎不经过任何编辑就直接播出,这种形式叫全课堂播客。
- 总结播客。有的讲授者选择制作一个较短的录音,里面只提供讲座要点总结和重点。由于总结的焦点不同,因此,总结也分不同的类型。例如:

a. 基本内容总结。讲授者对那些在第一轮讲解中学生比较难以理解的概念和微妙解释进行再次回顾。

b. 前瞻性总结。为了让那些学有余力的学生能够进一步深入地探讨某个主题或话题,讲授者在这里简要总结,给出阅读书目和附加材料。

c. 复合型总结。由于一个班的学生能力参差不齐,讲授者可以将前两种总结结合起来,确保向不同层次的学生都能提供切实可行的后续学习资源。

- 预先发布型播客。为了帮助学生理清思路并使他们将注意力集中到最重要的知识点上,讲授者可以制作包含主要学习成果和提示问题的播客,来帮助学生在讲座前提升他们的理解能力或理解水平。
- 复习笔记播客。讲授者可以在播客中设置课程评估模块,向学生提供复习笔记或设置与课堂话题相关的考试题目或题目类型。

给你的讲座录音

从上面的讨论中我们可以看到,大体上有两种讲座录音方式:其一,最简单的方式,就是戴上麦克风,完全按讲授者授课的方式将现场录下来,将整个录音发布到播客中,或将真实的录音进行编辑整理后发布到播客中;其二,在讲座外制作特殊的音频,如总结或现场评论。

如何制作讲座音频、总结和评论?

怎样做?

独自一人坐在办公室或某个安静的、不会有干扰的地方,制作播客的讲授者会面临巨大的挑战(Campbell,2005)。怎样与听众互动?怎样去模仿现场交流和现场授课的能量和强度?讲授者单调的声音和低沉的语调会让学生关掉设备。学生很快就会失去兴趣,在关掉他们的MP3播放器的同时,他们的思想也会散开。没有现场因肢体语言和手势带来的激情,没有眼神的交流,采用播客授课的讲授者能够依靠的仅仅是他那动感的声音。因此,在播客授课中,语调、音量、停顿、重复、强调和明晰度这些因素要远远比普通讲座重要。为了让录音更加有效,有的播客授课者会模拟在真实讲座中讲授的情景,他们像在真实的讲座中那样站着讲授,做手势。然而真实的讲座环境并不适合播客授课,播客授课必须减少现场的噪音,讲授者的声音必须始终如一,这样才能制作出高质量的音频。

用什么设备?

因单向麦克风只能接收来自一个方向的声音,这样能减小背景音中的噪音。影响音频最大的也是唯一的因素就是麦克风的质量,因此一定要买或者借一个质量好的麦克风。先拿住麦克风,把麦克风举到离嘴巴15厘米处,检测一下音效如何,然后慢慢调节距离,直到找到最佳音效点为止。

谁来制作?

戴尔(Dale,2007)认为:如果学生能通过声音辨别出说话人,那么就能缩短学生与播放内容之间的距离感。

按着这种观点,负责课程的讲授者在制作播客时,应该努力建立与学生之间面对面交流的联系。这种联系可以在课程教学的其他时段建立。

应该包含哪些内容？

有必要用文字图片来展示一些有趣的例子和讲授者讲解的要点，这样有助于吸引学生的注意力，有助于加强讲授者与收听学生之间的联系。

讲授者也可以在播客中插入一些问题或给学生布置任务让学生思考，在问题或任务之后，适当停顿，给学生留出思考的时间。音频环境事实上比真实讲座更能激发学生的思考，吸引学生的关注。有的讲授者会在播客授课结束时插入一些自测题目（Dale，2007）。通过这些题目，学生可以对自己的理解程度进行评估，或者引导学生去思考超越播客授课内容的问题。

多长时间为宜？

播客授课的时长多久最合适？一些经验丰富的讲授者认为播客授课的时长应该限制在3～15分钟。事实上，问题的答案取决于讲授者希望学生怎样去使用和收听播客。如果能将授课内容切分成时间较短的片段，学生在使用播客时就会更灵活。如果学生的时间比较多，比较集中，那么就可以一个接一个地听下去；如果学生只有较短的空闲时间（比如公共汽车上短时间的空闲），那么可以选择一次学习一小段。

选择什么样的内容来进行播客授课？

专家建议尽量避免选择那些复杂的、高强度的及包含很多人名、日期、事实和数据的技术性材料（Ferrigno，2007）。人们同时也建议，单个播客材料的重点不要太多，每次讲解一两个要点或解释一两个希望学生能够理解的概念，这样会更有效。

如何组织播客授课的内容？

对于如何组织播客授课的内容，人们建议应该由易到难，像传统讲座那样由简单的总体陈述逐步深入复杂细节。让整体系列课程的播客都保持同样的模式，这样就可以让学生知道即将学习的内容的形式，这对学生的学习是有帮助的。下面提供了一个建议模式。

第一步，背景陈述：向学生介绍授课的内容、播客的内容流程、话题、主题或要点。

第二步，内容：适度强调讲解的主体部分，从举例开始，逐步深入到复杂的、概念性的、理论性的、具有难度的材料。

第三步,结尾:总结或概括主要观点或内容,承启下一次课的内容或深入内容。

如何组织播客的承启?

事实上这可能是一个很大的问题,它涉及课程和讲授者希望学生如何学习。例如,讲授者希望学生按照一定学习方式按部就班地学习一系列的播客,或希望学生灵活地、按照他们自己的独特方式去学习讲授者提供的材料。通常,我们建议给每一个播客都编上序号,并告诉学生整个系列的总的播客数。如果可能的话,每个播客给出一个能反映其内容的标题。有的讲授者选择用画地图或示意图的形式给出播客的内容,有的讲授者选择用排序和列表的形式给出播客的内容。不管采用哪种方式,其目的都是给学生指明方向,让学生迅速找到要学习的材料(特别是在复习和概要重述时)。同时,也可以让学生探索播客之间是怎样联系起来的。

播客授课与学习之间的关系

对所有形式的教学而言,确立学习目标都是至关重要的。播客的制作和学习资源的设计都应该根据学习目标而定。

播客授课最常见的形式就是概要型播客。在这种形式下,播客只需要提供一个简要的课程要点概述。尽管如此,讲授者也可以运用播客来支撑一系列的学习需求和与讲座相关的问题(见表9.2)。

表9.2 通过播客来支撑一系列的学习需求

播客类型	学生的的学习问题
课前预习型播客	怎样才能让我的学习实现最大效果?我的笔记应该集中到哪些方面
课堂连接型播客	怎样把我的课堂学习内容与实验课堂、讲座、实习和写作任务联系起来
自我评估型播客	我真的理解课堂内容了吗 我能运用我所学的知识吗
课程延伸型播客	我能找到或获得更多的案例或例子吗

有了播客，学生还会来教室吗？及其他的担忧

讲授者就播客授课这种教学方式的优点和缺陷进行了激烈的争论。一些讲授者只看到了播客带来的好处，如让学生更满意；而有些讲授者则认为播客破坏了良好的教学根基。

> 如果学生能下载到授课音频，他们仍愿意来教室吗？
> 播客会不会助长学生的惰性和逃课？
> 播客会不会让学习变得肤浅？让学生以为只要记下播客内容就可以？

这些问题是学术界的共同担忧。类似的一种观点在教学领域也同样颇为流行。这种观点是由 G·马克·劳登（G. Marc Loudon）提出来的，他是美国普渡大学药物化学领域的教授。他认为：

如果播客里包含了讲座的所有内容，那么学生不来听讲座也是可以理解的。

悉尼科技大学的主任雪莉·亚历山大（Shirley Alexander）反对在大学使用播客授课。她担心由于播客的使用，讲授者会减少现场互动活动，因为讲座互动是不能录在播课中的。她说：

讲座不仅仅是讲授者在向学生传递信息……如果某些讲授者被播客取代，那么这样的讲授者就应该被取代。

一个更加合理的担忧是：播客只是一种音频传播技术，如果有的学生有听力障碍，那么他就不能很好地使用或根本不能使用这项技术。再加上事实上使用播客进行授课者很少有人是声学工程师，大多数都是业余爱好者，因此，最终音频材料的质量可能不像想象的那样理想。

来自学生的看法

在最近的几次调查中,我们发现学生总体上来说是喜欢播客授课的。但是如果继续深入挖掘,在这种总体反映积极的基础下,就会发现一些有趣的东西。例如,对于已经学习过的内容,再来听或利用播客会带来不同的感受。相对来说,会容易找到希望重新学习的那部分内容,因为可以快进或快退。作为一个学生,播客授课意味着必须集中精神去收听一段内容集中的讲座。去收听一个在单一环境中制作的供学生听的授课是一个非常不同的体验。坐下来,戴上耳机去听一个主题是如何展开的,一个故事是如何发展的,这是非常具有挑战性的。另外,MP3 文件是不能检索的,这就意味着收听者不能查找或直接跳到他特别感兴趣的关键词或短语。所以,一个可能的方案就是将授课内容切分成若干个更短的相互关联的播客,以便学生能更灵活地运用。但是这会对学生的学习效果和学习经历产生怎样的影响呢?

高等教育中的音频

在播客之前,我们使用录音带。因此,不论是在面对面的高校教学中,还是在远程高等教育中,基于音频的学习方式都有很悠久的历史。20 世纪 80 年代,在对英国开放大学远程学习的研究中,人们总结出了一些学生喜欢的音频材料的特征(Durbridge,1984,见 Edirisingha *et al*.,2007)。

- 对声音做出反应,理解说出的语言,分析音乐和听讲授者的声音;
- 听对话,可能是课程的某一部分;
- 通过任务在实验室、论坛甚至电脑上交谈;
- 听相关领域专家的论据、讨论和观点;
- 听到某个熟悉的、受尊敬的人的声音而备受鼓舞。

播客在学习中的深层次用途:方法探讨

教师和研究者现在开始探索在教育中广泛地使用播客,并调查其为学习效率和学习经历带来的可能的影响。

有人用播客来整合资源和帮助远程学习者。例如,李和陈(Lee and Chan,2007)的研究表明:利用播客提供补充性材料,让高年级学生在播客里进行小型讨论会以减轻远程学习者的焦虑情绪,并帮助他们在学术上融入大学生活。

另外,通过收听播客,学生发现播客可以提供学习内容的背景知识或强化学习内容,也可以给他们提供指导,使他们明确学习方向,因此,播客在帮助他们清楚掌握学习内容和加深对所学内容理解方面特别有效。

(Lee and Chan,2007:85)

而哈吉斯和威尔逊(Hargis and Wilson,2005)的研究集中关注这种技术给讲授者带来了鼓励学生深入学习、理解概念和提高长时记忆的手段。他们认为讲授者可以利用播客真实、自然地与学生分享想法,从而加强学生的兴趣和动机。他们同时还指出,学生也可以制作播客,把播客的制作过程看作是对学习的反思。

其他的研究者还认为,使用播客有助于培养学生的一些关键性的技能,特别是交流、时间组织和管理、批判性思考和解决问题等方面的技能(Baird and Fisher,2006)。

另外一个研究领域颇具争议,即不同风格的学习者怎样利用播客。研究者们就学习风格的效用展开了激烈的争论(Coffield et al.,2004a,2004b)。很多教育家认为学习风格缺乏强有力的证据,基于学习风格而建立起来的模式也没有得到验证。

播客同样可以被用于以下领域:
- 记录诸如会议主题发言、外围发言等特殊事件;
- 记录访谈专家和相关领域研究者之间的访谈;
- 提供实践例子,如提供商务宣传或口头反馈;
- 给出现场练习或小组项目的反馈;

- 提供音乐、语言(发音)、医学(心跳声)等方面的听力练习。

电子讲座

电子讲座是指在网上提供一种与现场面对面授课或口头演示的对等的授课形式。它通常包括一个文字的、口头的,有时甚至是视觉上的演示,交互性任务和其他学习资源和材料的链接。本质上,电子讲座就是一套可以反复使用的在线学习材料,学生可以在任何时候,从任何连接到网络的电脑上获得。维日比茨基是这样描述电子授课的:

一个电子讲座单元应该至少含有一个完整的、连续的媒体成分(音频或视频)。

(Wierzbicki,2003)

一个常见的做法就是在播客里提供幻灯片和视觉材料,并配上音频的讲解。这种形式被称为"点播"。

电子讲座的优点之一就是学生可以随意地播放、停止和重播授课内容。再加上电子讲座可能让师生在时空上分开(异步学习),因此,一些研究者将电子讲座看作是传统授课方式的提升。

但是,这种优点在其他研究者看来就成了一种缺陷。学生学习时讲授者不在场就意味着某种缺失。究竟缺失了什么?这取决于人们对传统讲座的期待。它可能是在场阅读肢体语言的社交能力缺失,也可能是属于某个学习群体的归属感的缺失。这些因素会在多大程度上影响学习者或学习过程是一个存在激烈争论的话题。那些支持电子讲座的人认为在线群体和网络的发达可以促进真实的社交。反对者则担心电子讲座会破坏师生之间的联系,降低讲授者影响、启发、激励学生的能力。

> **思考片刻**
> 你怎么看待这个问题?
> 现场和网络授课的相关优点有哪些?

设计和准备电子讲座

常见的方法有两种：其一，将现场讲座录下来，然后放到网上；其二，创建一套学习资料，让学生在他们的电脑上学习。

拍摄现场讲座

并不是所有的现场讲座都能拍摄下来，放到网上成为电子讲座。讲授者的讲座风格或教室的音响系统会制约声音和视觉效果。对摄影初学者来说，要拍好一场现场讲座是一个技术上非常具有挑战的事。尽管如此，在实践中我们还是经常采用这种方法，如用音频或视频来记录主题讲座或来访发言人的陈述。

我们也可以简单地在教室放一台带三脚架的录像机，在学生坐好后，将讲座录下来，制作成视频。在这种情况下，讲授者要调整自己的讲座方式，确保自己能被录像机拍到，并要确保不挡住投影到屏幕上或写到黑板上的内容。

标准的录像机里自带的单向话筒足以录下讲授者的声音，要录阶梯教室后面学生的提问就会有困难。但这只是一个很小的问题，讲授者在回答问题前复述一下问题就可以轻易地将这个问题解决掉。

还有一个问题：需不需要对录像进行编辑呢？对工作繁忙的讲授者来说，将整个视频或录音放到网上无疑是最快的选择。但是这种一次性拍摄成的产品不可能没有缺陷。要想使产品更理想，就要对其进行整理和剪辑。讲授者可以对录像进行编辑，并进一步根据不同的学习点或关键话题将其分解成一些更容易查找的较短的片段。这些记录下来的录像很少用来取代现场的面对面讲座，而更多的是被用来向学生提供一个修订、补课和复习的机会。

建立一套电子讲座资源

按照这种方法，对讲授者来说最初的投入可能比较大，但是其最终产品可以被作为一个独立的学习资料而可以随时拿来使用。

经验交流——来自播客授课者的案例研究

哲学系博士安德鲁·费舍尔的案例研究

为什么我开始使用播客？嗯，是因为同事和媒体都在谈论它（播客将讲授者赶下讲台，泰晤士高等教育，2007年10月26日）。而我是一个充满好奇心的人。

经过深入调查后，我认为有六个主要的原因让我继续前进。第一，我想给学生提供一个反复观看我课堂的机会。由于我研究的领域比较微妙和难懂，因此，这样的机会是非常有用的。第二，学生有时会缺席课堂。第三，它看起来是一个好的复习资源。第四，因为我自己不善于做笔记，我发现既要专心听讲授者讲课又要做笔记几乎是不可能的。我认为利用播客，可以让那些不善于做笔记的学生上课专心听讲，然后利用他们的课余时间去做笔记。第五，如果我把讲座视频放到播客上，那么上门来向我请教的学生就会减少。第六，收听我自己的讲座后，我会反思并改进我的教学风格。

我所用的装备是我们学校提供的一些高质量的录像机。这些录像机便于搬运，易于操作。基本上，只要插上电源，接上话筒，再检查一下音量，就可以开始讲授了。上传时，我只需要把设备连接到电脑的USB接口，然后简单地单击鼠标，并将MP3文件拖到想上传的地方就可以了。我将我的播客上传到我们学校的内容管理系统中，那里还有我其他课程的材料、幻灯片、讲稿、网络链接等。

我开始使用播客时是将整个课堂完整地录下来。上完课后，学生很快就可以在网站上找到我的播客。期间，有件小事需要切记，那就是每次重复一下学生的提问，以确保问题会被录下来。除此之外，我发现整个过程非常简单。

我认为人们对播客授课有四个方面的担忧。第一，播客授课真的是我们需要的吗？第二，科技会不会成为绊脚石？第三，学生会不会因此而逃课？会不会正如我一位同事所言："没人会来讲座现场，他们会躺在家里的浴缸里听你做讲座。"第四，我们如何防止播客授课公开流传？毕竟，讲座中有的东西是转眼即逝的，难以解释清楚的。

播客授课两年后我发现：第一，多数学生确实需要它。正如两个学生所评论的那样：

> 我多么希望以前就有这种播客授课啊！课堂上很难把所有的信息都记下来，特别是一些比较难的知识模块。播客授课对于复习来说是非常有用的。
>
> 播客授课带给我一种安全感，因为课堂授课是转瞬即逝的，通过这种方式，我可以弥补笔记里面的遗漏。

第二，没有人抱怨这项技术。第三，逃课的学生人数没有增加，讲授者也没有被赶下讲台。第四，学校的内容管理系统里面有密码设置，不是任何人都可以随意收听的。总体来说，它可以帮助我更多地从学生的视角来思考问题。

现在我运用播客的形式变得越来越丰富。除了完整的课堂录音外，我还制作一些较短的信息录音。这些录音可以是学习技巧的指导、关键概念和意思的解释，还可以是总的学习反馈等。

有一件事我尝试过，但最终放弃了。那就是我想在幻灯片中插入音频。我设计了一个程序，让幻灯片自动与授课音频同步播出。从技术上说，这相当简单。但是我发现对学生来说，运行程序所需要的精力和技术让他们得不偿失。

播客授课迫使我自己去思考各种各样的问题。一场成功的讲座是怎样的？怎样才能有效地交流？我们需要课堂吗？尽管对这些问题我也没有满意的答案，但这种反思的过程对我和学生来说无疑都是有益的。

摩尔根博士关于播客在经济学讲座中的应用的案例研究

多年来，我一直在讲授经济学中一门为期一年的必修课。尽管考试的内容和性质历经改变，但我从未尝试过去改变授课的方式。像其他课程一样，从高射投影片到幻灯片，再到上传材料到网页，从某种程度来说这是主流。当过渡到播客授课（或者至少使用音频）时，却发生了重大改变，对我来说也产生了让人意想不到的结果。

这一情况是如何产生的呢？从本质上讲，这来源于我自己对讲座内外的教学材料传授的更仔细的思考。我的讲座相对来说比较大，大多数学年都超过250人。而且学生的成分比较复杂，25%的学生是非英国籍学生，而且他们学习的方式也各种各样，传统的讲座方式对他们来说并不是最适合的。

此外，由于学校广泛支持电子学习的发展，我就开始考虑能否用超越平常讲座方式的一些不同方法来帮助我的学生学习。虚拟学习环境、在线评估等的应用提供了以前我想都没想过的一些机遇。

特别是，学校建立了一个项目来鼓励在讲座中使用音频资料，来支持电子学习策略。这个项目中有两类活动：一类是学术访谈，让学术从学校内部走向更广阔的世界；第二类是内向的，其目的是鼓励教职工思考如何在技术专家们的支持下来更好地应用音频。为此，学校购买了大量的简易录音设备，有需要时，学校里任何人都可以租用。同时，学校订制了一套上传软件，该软件可以将材料直接从录音设备转移到个人电脑中，然后上传至服务器中。这就让录音过程变得很容易。

我决定针对授课中的重点或与授课内容相关的活动，使用较小的5分钟左右的录音材料。这二者都与以前的方法有所不同，都激发人们去思考什么最适合学生、哪种方式有效果和哪种风格对学生最有价值这些问题。为什么是这种方法呢？简而言之就是我觉得长篇幅的音频材料对学生不具有吸引力，而且还要花费很多的时间来准备。后来事实证明我错了。

起初，我主要关注如何能最好地创造播客材料（严格来说，这些不是播客，因为我不会让人订阅它们或提供 RSS 源）。我不太喜欢花太多的时间来制作最后用不着的文件，所以我认为最好的解决办法是把当前的授课材料传递给下一年可以从中受益的学生。

为此，我租了一套录音设备，在5分钟内就掌握了使用方法（我确实认为这很简单）。然后我把它带到讲座中，肩上挂着录音设备，看起来就像是电影《星际迷航》中的天外来客。我跟学生们解释我所做的事情，然后就开始做讲座。这一过程很有成效，我把音频文件分离出来，装进我的电脑里面，接下来我想我要做的事情就是完成我的授课，并在假期中再次查看以决定下一年的授课内容。在做完三四场讲座后，一小部分国际学生很有礼貌地向我询问能不能将录音材料给他们？但令我吃惊的是，他们想要整个50分钟的文档，并坚持认为那才是他们所需要的。

后来，我在讲座中问到底有多少学生想要录音文件，有相当一部分学生都想要，但绝对不是大多数。因此，我同意把文件上传到 WebCT，供他们听课。这样一来，我又有了很多担忧。第一，当学生知道讲座结束后能获得音频文件后，他们的出勤率会不会降低呢？第二,这些文件如何跟我已经上传到该系统中的幻灯片联系起来呢?第三,学生真的能从使用这些资料中获益而不是在浪费时间吗?

第一个问题在我课程结束时就得到了答案。尽管我没有经常点名,但并没发现出勤率有任何降低,所以在这一点上我不再担心。

关于第二点,我心里很纠结。一个选择就是使用软件包把我的幻灯片跟音频文件结合起来,并给音频提供字幕。我感觉这样做的话可以让我的资料看起来更精细完美。但这一步又走太远了,因为这可能使学生变得消极。我想要的是学生对他们所听到的内容进行思考,并从中学习经验。为此,我决定把幻灯片和原始的录音材料一起提供给他们,让他们自己找出二者的联系。这一招对学生的出勤很有用,因为很多研究者都认为课后提供的材料越精细,学生越有可能缺席。但我没检验这个假设。

随后,我便热衷于找出学生是如何使用材料的。从一些正式与非正式的渠道中,如学生评估表中,我发现这个方法很受欢迎。国际学生很喜欢这种方式,因为这可以让他们在讲座后有机会重新学习那些由于词汇量限制第一次没有听懂或者没有听到的内容。更多的学生认为对于他们在讲座中没有理解的概念,能再次听到讲解比马上去阅读课本要有益。两方面的结果都令我满意,尽管与我最初的预想并不一致。

我会再用吗?是的,我会再用,尽管在接下来的时间里,在我使用音频文件时,这可能会分散我的创造性。同样,对接下来的学生我不一定要使用同一文件,因为我的授课内容并不是和上次完全一致。当学生在师生交流会上提出其他课程什么时候开始使用类似方法授课时,有些同事有点吃惊,也并不是都欣赏我的做法。总体而言,这是一次很有积极意义的经历,只花了很少的时间投入,却从学生那里得到了很有意义的积极的反响,我希望接下来能探索更多具体活动中音频的使用。

乔·范恩斯坦博士关于在数学讲座中应用掌上电脑和音频播客的案例研究

2006—2007学年秋,我开始使用平板电脑来演示我在本科教学中的数学分析课程。起初,我的目标主要是完整地记录下我在讲座中的讲稿,然后在每场讲座后我可以把这些讲稿提供给我的学生。此外,数据投影屏幕通常较大,这也使得学生再次回教室阅读这些讲稿更容易些。

后来,我的一名大三学生请求我允许他对我的讲座进行录音,我觉得这对我的讲座来说是非常有价值的额外资源。为了能让我自己录音,并开始播客授课,我设法得到了一套高质量的数字录音设备。

教学方法

对于我的课堂,我准备了 PDF 格式的幻灯片,里面包括了我要讲解的所有材料的基本大纲,但是我留出了一些空白以便能够添加材料。然后我把这些幻灯片移至微软的日记本,以便能够在课堂上添加注释。我给学生提供单页的幻灯片复印件(适量的)。这给了学生足够的空间,让他们在听课时可以自行做笔记。

音频的制作比较直接,然而,在学生自行讨论时我通常要暂停录音。我把所有的课程材料通过课程网页提供给学生,把加注释的幻灯片制作成 PDF 格式,音频制作成 MP3 格式,并都提供给学生。有一点很重要,就是要让学生很容易就能把音频跟幻灯片搭配起来。这主要是要把网页上的相关信息包括进来,但是有时候我也可能会加一些额外的书面的或口头的评论,以帮助收听的学生能找到对应的地方。

课程结束时,我收集到了大量的教学资源。因此,我正在尝试一些新东西,今年,在讲座中我向学生提供所有去年的音频播客和加注释的幻灯片。然后我向学生提供每场讲座我们将要讲解的材料的安排表,让他们在空闲时间里听相应的音频播客,阅读相应的加注释的幻灯片。这改变了我的传统讲座方式,现在我的讲座,对之前所学内容的结构性问答更少,而更多是采用问题表的实例课堂。

优缺点

学生的反馈证实了以这样的方式使用这一技术对学生来说有很多优点。

■ 学生可以记录下讲座中讲授者写和说的所有内容。尤其是他们可以马上检查笔记,以免浪费时间去理解没有太多实质意义的内容。

■ 对那些由于正当原因(如生病或者重要的工作面试等)不能来听讲座的学生,他们也很感激有机会得到授课材料。

■ 非英语母语者也很高兴能拥有音频播客,因为这给了他们再次聆听他们可能错过的部分内容。
- 在大型的数据投影屏幕教室里,学生会觉得这种讲座的书写更大更清晰,比传统的授课方式(黑板)更加清晰。
- 有读写障碍的学生发现平板电脑和网页上的材料供应特别有益。

然而,学生也发现了一些缺点。
- 讲座的进度可能会被减缓,当我第一次使用这一技术的时候这一点特别突出。
- 每次在屏幕上呈现多少材料要有一个限制。这通常比在黑板或白板上呈现的内容要少,有时为了参阅前面的资料,向上和向下滚动屏幕偶尔会导致混乱。在某种程度上,这可以通过修正使用的视图比例来处理(这在讲座的任何时候都很容易操作,尤其是当数据投影屏幕较大时更有用)或者使用装有双重数据投影设备的教室。有一个更好的但更昂贵的解决办法,就是利用电子配套挂图系统,让几个屏幕同时呈现。
- 麦克风不是总能采集到学生的声音,为了录音的需要和那些没听清楚问题的学生,最好要按照惯例重复问题,同样,如果在场的某位学生没听清楚该问题,也要将该问题重复一遍。

显然,这一技术的使用有一定的缺点,要付出一定的代价。尽管如此,主要的耗费还在于人们的时间和精力。
- 使用平板电脑和数字录音器这并不会花很长时间,然而为满足你的目的而找到适合的软件设置就要花些时间了。
- 为了安装硬件和软件,每次讲座前都得花几分钟额外的时间。
- 如果硬件或软件在讲座过程中出现了什么问题,从而影响讲座进度,会令人非常伤脑筋。
- 讲座结束后输出和转化文件,以及把它们放到网上去,每一个小时的讲座内容通常要花15~30分钟。但我通常还要对注释的幻灯片做出轻微的改进,这又增加了时间。

总体而言,我觉得这一技术的使用还是令人满意和富有成效的。我对我创造的一套课程材料十分满意,绝大多数学生在使用这些材料后给出的反馈也是积极的。如果你有时间、资源和精力,你和你的学生应该也会发现这种教学方式会让你们受益匪浅。

技术细节

我目前在课堂上使用的平板电脑是东芝 Portege 系列,安装了 Windows XP 系统、PDF 文件阅读器和微软记事本。我发现把 PDF 文件在转化成日记本格式前用 Acrobat 传输会有更好的效果。对于音频播客,我目前用的是奥林巴斯 DS-50 数字录音器。不足之处是,这只能录制 wma 格式的文件,所以我还得用免费的格式转换器将最终的文件转化成 MP3 格式。我不喜欢编辑 MP3 文件,因为这太耗时了。但如果有必要进行编辑时,我发现从 http://www.mpesch3.de1.cc 网站上下载的免费软件 MP3 DirectCut 很好用。

扩展阅读

如你想了解更多关于本章话题的内容,或者想得到更多切实可行的或技术性的建议,下面我们提供了少量的阅读书目,从中可以找到一些有用的信息。本书后面还有更详细的参考书目。

[1] Campbell,G.(2005)'There is something in the air:Podcasting in education', *Educuase Review*,40:32.

[2] Dale,C.(2007)' Strategies for using podcasting to support student learning', *Journal of Hospitality, Leisure, Sport and Tourism Education*,6(1):49-57.

[3] Hearnshaw,D.(2006)' Will podcasting finally kill the lecture?' *Guardian*,19 September. http://education.guardian.co.uk/elearning/comment/0,,1875286,00.html.

[4] Read,B.(2007)' How to podcast campus lectures' *The Chronicle of Higher Education*,Section:Informtion Technolohy,53(21):A32. http://chronicle.com.

第十章　满足不同学生的需求和应对学生多样性

导言

　　在偌大的演讲厅,讲授者起初把学生视为普通听众。然而,过不了多久,讲授者就会注意到自己认识的、那些看似相貌平平的学生逐渐成为需求不一、关注点不一、兴趣不一的众多个体。讲授者心中谨记听众的多样性,并且努力设计和发表多样性的演讲,这一点非常重要。很明显,讲授者不可能时刻都吸引学生的眼球,但是如果不断地改变方法,采用不同的奖励方式,讲授者便可以和教室里的学生互动起来。从不同教学环境中引用大量的例子,提前就想好能对学生产生一定影响的话题,花一点时间用不同的表格和形式传递同样的思想和信息,这可使讲授者的演讲内容更加丰富,甚至包罗万象。

　　在每一群学生中,总有一些学生具有明确的学习需求。本章试图提供帮助他们更好地学习的方法,也将更多考虑那些身体有缺陷(诸如视觉缺陷、听力缺陷、诵读困难)的学生的需求,因为这些身体缺陷在学生群体中很常见。

　　在做讲座的时候,讲授者还要注意那些留学生,尤其是那些非英语语言国家的学生,我们会提供一些简单的措施,以帮助非英语语言国家的学生听讲座。然而,有些障碍可能不是语言所致,而是留学生的过高的期望和文化差异所致。例如,在某些教育体制中,某门课程的全部内容会以系列讲座的形式展开,如果学生在这些讲座中能认真学习，他就能在该课程的考评中获得高分。可是，课程或模式可能不完全是这样的——系列讲座有时可能只是课程的综述或简介，绝不是全部内容，并且"不要求所有的学生知晓"。在英国，学生们经常独立学习，经常继续研究讲座里的观点和思想，也就是说，学生把讲座作为研究起点，而不是终点。

随着高校不断地吸引和接收大量的留学生，人们一直在争论什么是最佳教学方法，以及大规模招生对高等教育产生的影响。课程国际化和高等教育国际化既有战略利益，又有现实利益。

关于高等教育国际化对教学的意义（Jones and Brown，2007），学术界百家争鸣。有的观点侧重"输入因素"和所教内容（如课程是否含有国际案例，是否能从国际视角开发样式、总结理论和资料？），由于要培养出身心健康并能够在国际舞台上有所成就的学生，有的观点则更侧重于高等教育的教学成就，并向教师提出更高的要求，要求教师思考这个目标。上述两类观点相互排斥却有着不同的侧重点。简言之，输入观点以内容和教师为中心，强调所讲的内容。而输出观点则是以技能为基础、以学生为中心的教学方法，也就是说学生要有效适应未来"未知"环境所需的灵活性和技巧。我们不能确定我们的学生在未来需要哪一种知识，但我们必须保证他们具有寻找到他们所需知识的能力，他们能够理解那些知识并且自行判断该知识的价值和用处。

对某些学生来说，讲座的确是令其却步的领域。他们可能不知道在演讲厅要干什么，或者缺乏某些能高效率听讲座的学习技能，比如，听清讲授者所说内容的能力、做笔记的能力、迅速综合新信息的能力等。这可能是因为他们还没像年龄稍大的学生那样学习，并且没有"适应"这种教学环境；也可能是因为他们已经习惯了高中时在较小且较熟悉的教室里上"入门课程"，还不适应高等院校的教育。在大学里，讲座厅可能会很大，并且人群中学生可能觉得彼此很陌生。刚刚进入高等教育阶段的一年级学生经常关心的问题是他们不知道如何检验他们所学的知识或者他们是否理解了本次讲座中应掌握的知识。在高中阶段，教师可能要求学生直接使用课堂上所学新知识完成某项任务，例如，在课堂上解答某些难题、完成某些问题、做试卷或写论文等。而在大学阶段，对所学知识的测验或新知识的运用可能会在讲座数周甚至数月后。这可能会使一些学生担心并怀疑自己是否进步了。

思考片刻

结合你的专业,谈谈你对"国际化"课程的理解和它所产生的影响?

你会采取哪些措施使自己所听的课程"国际化"?

在谈到讲座的全面性时,我们会发现有许多因素需要考虑:比如你的课程、你的专业、你的同学,上述这些因素比其他的因素更有关联性。

还有哪些因素对我们在选择讲座材料上有影响呢?

多样化的学生

医学上的残疾模式和社会上的残疾模式

过去的20年是保护残疾人相关法律发展的20年,这对残疾学生的帮扶产生了巨大的影响。在这之前,高等教育领域就有招收残疾学生、与残疾学生一起共事并资助残疾学生学习的传统,而且,在这方面高等教育领域的名声不错。但这只是一个小小的方面。如今,许多院校都有一批敬业的专家们,他们能够满足学生的需求,并为满足教师和学生的个性需求提供指导。在英国,法律要求教师合理调整教学以确保所有学生的学习而且学生不会因为残疾而处于劣势;法律也要求教师和课程设计者确认哪些教学课程、实践课程会在大大影响学生的学习上具有前瞻性。

近年来,在残疾学生的问题上,有两种鲜明且相对的模式,即医学上的疾病模式和社会上的疾病模式(Oliver,1996)。医学上的疾病模式认为学生的残疾是由身体内部有缺陷所致。这种缺陷是可以治愈的,可以恢复或者弥补的。换句话说,高校可以适当作为,尽其所能帮助残疾学生使其适应学业需求。

社会上的残疾模式则认为问题是由社会压力或者给学生造成劣

势的社会障碍所导致的,并不是由于身体缺陷所致,而是由于社会上存在的障碍所致,并且高校应适当作为,以消除这些障碍。这种状况并不应该让残疾学生个体来改变、来适应,而应由社会(或者根据我们的情况,应由高校)来改变、来适应。

特别是在英国,人们已经开始通过相关法律来应对社会疾病模型的残疾,集中力量消除这种障碍。但这在美国稍差些。

讲授者的反应

在实际的讲座中,许多讲授者采用各种各样的教学方法以促进学生学习。这些方法可能包括:

- 弥补策略:对待残疾或有问题的学生,运用其他方法使其努力获得知识、理解内容、掌握技艺(比如对于部分有视力问题的学生采用录制演讲笔记的方法,或者采用颜色编码的方法帮助听力有障碍或理解有问题的学生)。
- 学习策略:教学生如何学习,帮助学生掌握一些管理时间的有效策略,帮助学生有效地听、有效地写、有效地记笔记,而且,更重要的是,教会学生有效地复习和掌握应考技能。

个人需求

作为一般的教师和其他讲授者,要以学校的规章制度为标准,以地方政策、教学步骤以及优秀的教学实践为指导,认真教学。表10.1给出一个具体的例子。

表10.1 澳大利亚新南威尔士大学教师面向残疾学生"实践准则"中所要求的做法和策略

策略
■ 教师应与学生以及其他相关负责部门协商,以便能够自主使用恰当的讲座方式和评估方法,以满足特定残疾人的需求,并确保达到应有的学术标准
■ 教学人员应该能够使用特定设备,这些相关设备应该能够满足残疾学生参加讲座、辅导课或实验室所需
■ 在有需要的情况下,教师们应该共同合作,如在讲座和辅导课安排之间存在冲突或讲座教室安排存在困难时,可以重新调整讲座和辅导课

续表

策略

- 在不同教师授课的情况下,残疾学生可以将教师的教学、演讲、辅导课或实验室材料录制下来
- 如有需要,教师应向残疾学生提供课堂讲稿及/或投影仪的幻灯片,以供他们学习之用
- 学校鼓励教师在上课之前,为视觉、听力有问题或身体有残疾的学生提供阅读清单和与课程有关的材料,因为这些学生通常需要将材料应用在不同媒介之中,如调频接收器、手语翻译
- 学校应向专职教学人员提供培训机会,以便他们了解如何使用残疾学生所用的媒介或工具,如调频接收器、手语翻译等
- 每所学院应该有一名专职教学人员担任该学院内残疾学生的联络人。然而对于有残疾的学生,如果他们愿意,应该可以和他们喜欢的教学人员联系
- 如果知道听讲座的学生中有残疾学生,尽量安排与他们私下交流,了解他们的需求。尽量不要对他们的残疾做任何假设,学生们对他们自己的情况了如指掌。教师要与残疾学生讨论他们的需求,以便更好地了解他们的处境,获得相关建议,来帮助他们学习,并帮助他们充分参与讲座

一些专门的建议

给有视力障碍学生的建议

在讲座中,讲授者给学生的教学材料应该根据视力有问题的学生的残疾程度和各自喜爱的风格做些改变。学生可能希望使用布莱叶盲文材料或者印刷字体较大的材料,讲授者也可以向他们提供教学材料的听力文件或者播客。有些学校甚至为有视力障碍的学生配备一些训练有素、专门为他们在上课前大声朗读教学讲义的人员。这很费时间,因此,在演讲前就得给学生教学材料。这点非常重要。临时通知学生来拿教学材料对于所有学生来说有困难,而对于残疾学生则更加困难。使用扩大的教学材料或者使用计算机的打印放大设备也同样费时费劲。

一些学生也许会问,他们能否带录音设备来听讲座。在某些大学里,这是一个颇有争议的问题。讲授者担心录音可能会使学生曲解他的教学内容,而且其中会涉及版权问题,使用不当时甚至会遭到起诉。对于依赖录音文件的学生来说,还面临其他问题:通过听录音文件来

学习,不仅要求听力好、抽象能力强,而且还要求学生必须集中精力。上述这种学习方法比一般的学习方法费时。然而,即使有这些问题,讲座时学生配备录音机也已司空见惯。

我们强烈推荐在讲座时使用视觉教具,而且学生们应该互相认识。然而,为了照顾部分视力有问题的学生,讲授者得花时间去解释图像和视觉教具。有些学生也希望讲授者提供展示的图片,这样学生就可在课前或者在讲座时熟悉视觉教具(例如,教学中呈现的大型黑白图像、在网上找到的或者使用放大设备的视觉教具)。讲授者要和学生讨论最符合他们个人需求的视觉教具和教学方法,或者事先提供一些他们能够自己动手制作的、以满足他们个人要求和偏爱的教学材料,很明显,这点尤其重要。

给色盲学生的建议

色盲是一种遗传病,世界上大概10％的男性和不足1％的女性患有此病。受此病影响的个人不能像大多数人那样辨别颜色。对于大部分色盲学生来说,他们分不清红色和绿色(而不能区分蓝色和黄色的学生少些)。

因此,在设计视觉教具时,尤其是当一些颜色用于指示某种特殊意义时,某些颜色不能在一起使用。这点十分重要。当展示如地图、天气预报等图像或图表以及用彩色标明和解释的饼状图时,便会暴露出某些问题。因此,在讲座过程中讲授者要使用带颜色的字体和图像时一定要慎重。

给听力障碍学生的建议

因为多数讲座、研讨会和专题报告都是口头讲,在这种情况下,听力有障碍的学生往往处于劣势。陈旧的报告大厅中,音响破旧,照明设备陈旧且音响设备不足,这都加剧了有听力障碍的学生学习的困难。有些学生必须依靠直接连接讲授者的麦克风来听讲座,但是这也意味着他们听不到其他学生的发言。

毫无疑问,一直以来,大学更新教学设施和基础设施比较慢,而是一直在强调设计新颖的教室,一直在留心选择组装设备来帮助有听力障碍的学生学习。但是,这个很费资金,并且在建设过程中还要不停地投资。这往往意味着,在短暂的一学期里,许多讲授者不能在理想的环境中做讲座。

而对于戴有助听器的学生来说,教室里的杂音会使他们分心,给他们造成了困难。如果讲授者能够意识到这点,就能确保将噪声降到最小。许多学生也会使用唇读法紧跟讲授者的进度。做讲座时,讲授者要面向全体学生,确保学生坐在离自己较近的地方,要自然地面向学生讲授。所有的讲授者都知道这一点,但实际做讲座时,一些人也常常会忘记这点。

一些失聪的学生可能会要求大学雇来的人员(比如速记员、专门做笔记的人)帮助他们。当然,讲授者也需要配合他们的活动。

速记员是像在法庭上使用速记机逐字逐句记录讲座的人员。讲授者的话语能够被立即输入到笔记本电脑中,并以字幕的形式呈现出现,失聪的学生就能够看到讲座内容了。人员和设备也要分别配备和放置好,这样的话学生可以同时看到讲授者和电脑屏幕,讲授者在做讲座的过程中也不会分心,而这需要事先和大家讨论并且征得大家的同意。由于讲座中可能会出现术语或者偏僻字词,为了准确记录相关内容,速记员在课前就得了解这些术语。因此,讲授者应该给速记员提供适当的词汇表或者教科书,向他们提供教室里的座位安排,并与他们保持联系。

出于个人学习的目的,学生在下课前可以拿一份讲座讲义。但许多讲授者担心那些持有音频或者在电脑上及时记录了讲座内容的学生会将这些音频或者笔记传递给其他学生(那些能够正常听课、自己记笔记的学生)。在美国,如果学生需要速记员帮助或及时记录讲座内容,很多大学会非常理智、非常普遍地要求他们持有残疾学生签署的一份标准协议书,可以参见表10.2。

表 10.2　加利福尼亚大学洛杉矶分校残疾学生办公室之共同声明

我明白,作为一个需要速记员的学生,我会接到来自残疾学生办公室的及时讲稿。这些讲稿只运用于我个人的学术研究,除非与残疾学生办公室协商,并征得其他教授的同意,否则我不会将课堂学习笔记和其他同学分享或者用于其他目的

使用手语

视觉传递信息比口头传递信息使用得更长久,因此,讲授者在讲

座中要配合做手势语,同时要谨记以下几点:

- 讲授时要沉稳,特别是需要用指语交谈或表示专业术语时;
- 提问或点评时要直接面对学生,而不是手语者,虽然手语者要说出学生的回答并且代学生向讲授者提问;
- 此外,讲授者应该尽力确保其他的学生不要打岔或者在讲授时不要说话,因为这对手语者和听力有问题的学生来说都会造成困难。

(基于 Yoshinaga-Itand,2002)

讲座中有诵读困难的学生

有诵读困难的学生可能具有以下一些学习困难:阅读困难、记忆困难、组织和表达写作困难、拼写困难、语法困难、使用标点符号困难、书写困难、做笔记困难、时间管理困难并且精力集中困难(Farmer et al. 2002)。上述的困难都会对讲座中的学生造成困难。同样的问题也可能出现在计算领域,这就叫计算困难。然而,我们也要记住,一些举世瞩目的成就经常是由诵读困难的人员造就的,比如人所皆知的达·芬奇和托马斯·爱迪生,他们具有诵读困难。然而,此病的病症或者病症群最近才查明并且此病经常查不出,在不同国家此病称呼不一样。

什么是诵读困难?

英国诵读困难症协会解释了该病症,并且总结出该病具有以下特征:

- 诵读困难症是由大脑中某个处理语言的部分变异所致。通过脑成像技术收集的证据表明,患有诵读困难症的人处理信息的方式不一样。
- 诵读困难症有再遗传的倾向。病人终身患有此病。大概4%的人患有重度诵读困难症,6%的诵读困难症患者患病情况从轻度到中度不等。
- 诵读困难症患者身份各异,能力各异,可能是文盲,也可能是大学生。诵读困难症患者可能具有某方面的创新能力、艺术细胞或较强的操作能力。他们可以发展某些策略以弥补他们某方面的困难。
- 诵读困难症患者既有某方面的困难,又有某方面的实力。这种程度因人而异。

教学策略

对于患有诵读困难症的学生来说,有一些方法可以消除一些他们的阅读困难、写作困难或记忆困难。

讲授者可以这样做:
- 开学初给学校一份列有教学内容和讲座次序的课程大纲;
- 讲座开始时,将新术语和关键词写在黑板上;
- 讲座过程中,经常做些小总结,总体上说,在恰当的时间点给出相应的总结;
- 结合个人经验和具体实例,阐述抽象的概念;
- 可能的话,使用手头资料,理论联系实际;
- 使用口头和视觉教具,比如很多诸如图表之类的视觉教具;
- 在恰当的时间提供书单,以便让学生早些阅读,或者播放有录音文件的讲义;
- 向学生提供教学材料,向学生提示家庭作业要点或者阅读材料的学习指南;
- 大声读出在高射投影仪、黑板或者 PowerPoint 上的材料;
- 口语表达要简洁,并且通过简单提示词或者点句列表标记。

帮助记笔记和多种多样的方法

在讲座中,那些有诵读困难的学生和有其他学习困难的学生需要利用多种多样的方法来学习,因为他们在听课的同时写不快或者不能迅速理解、记忆组织材料。

一些高校雇用学生笔记抄录员并伴随在有诵读困难学生旁边帮助他们做笔记。一些高校鼓励使用讲座记录设备,而另一些高校则要求讲授者做完讲座后给那些学生制作详细完整的电子笔记。

那些促进学生在课间或课后和其他学生交流笔记、复习笔记的教学方式帮助有诵读困难的学生提高了记笔记的技能。

也许最好的帮助有诵读困难的学生的方法是向他们提供部分讲义(参看第七章),这给他们提供了结构明晰的、可以添加注释笔记甚至是意见的讲义。

(上述许多策略也对讲座中的其他学生有益,特别是非英语国家学生。)

讲座中的非英语国家学生

需要明确的是,对非英语国家的学生,讲授者可能需要讲解得更清楚些,语速更慢些,句子更简短些。讲授者也要注意选择语言和术语,尽力避免口语、首字母缩略词、缩写词或者行话,这并不一定对所有学生(尤其是非英语国家的学生)都有利。讲授者还应该努力组织并建构他们的讲义,并且在讲座中时不时地、详细地指明讲到了哪个部分。

当提到某个人物或者一个重要信息源时,讲授者如果能够将其写在黑板上或者翻转图上,这将很有意义。讲授者应使用比较简洁的讲义,这样,在讲座中学生就能够参考该讲义并做些笔记。在前几章(第七章和第八章)提到了一种给学生"舒适"的思考时间和同学间互相对答案、互相记笔记为目的的积极的学习方法和互动式教学策略,这对于非英语国家学生来说也很有益处(Exley and Dennick, 2004)。

对于有诵读困难的学生,讲座中提供讲义,可以让国际学生不需要用第二语言或第三语言试着记笔记。这将会减少他们记笔记的压力,并且让他们有更多时间去思考。

文化差异

文化是一个使用过频的词,它可以用多种方式来解释。实际上我们连自己的文化都很难描述。有时候我们只能意识到我们该怎么做或者当别人行事不同时我们该做什么。可以感觉到上述差异的领域是幽默,我们觉得很幽默或者很搞笑的事情,别人不一定认为那样,他们甚至会被该事情扰得心烦或是生气。有时候笑话也很难翻译好。

有许多非语言交流,比如我们保持眼神交流的时间长短和那种用眼神交流表示我们是否真诚或者是否注意他人的方式,或者我们讲话时用手势的方式。这些都是文化的一部分,并且随着讲授者和学生的改变而改变。

我们使用的姿势和被误解的并且造成冒犯的手势样式很少,但是人们认为直接用手指指着别人是很粗鲁的,翘起手指点数或者计数也很会造成问题。

文化比语言和外表更深沉,它深深影响着人们思考的方式、和世界打交道的方式和想象的方式。最重要的是,它深刻影响着怎样是恰当思考或者怎样是奇思妙想。能让一个学生激动且具有挑战性的教学方法有时可能会让另一个学生困惑并受挫。能吸引某个学生并使其热衷学习的某个教学环境可能会使其他学生分心。

当讲授者非常清楚学生的想法,不过度期望学生知道如何学习或者如何更深入地掌握某种知识时,讲授者可以改变这种情况。比如,讲授者可以对学生明确说欢迎学生提问题,但是不希望学生听讲座的时候和其他学生说话,除非某个问题或者话题需要讨论。

扩大参与程度和包容性

"扩大学生的参与"事件对许多高校的学生影响巨大。一些本科院校和大专院校在吸收未接受传统教育的学生重返高校继续深造这一方面做得很成功。成人学生(过了 21 岁)也许已经离开类似教室的环境很久了,并且可能不能适应能够容纳 200 多人的演讲大厅。成人学生可能会觉得有些疏远并且被剥夺了在这样环境下提问题的权利。

类似地,某些学生是通过便利通道或基础学位班入学的,但是他们没有自信心。这些学生在大一或者大二的时候经常会有直接获得别人帮助学习的经历。以后的学习经常是小班上课,许多课程都是教师直接授课,在学习某一单元时,学生要交作业给教师,教师每次都要批改作业。而且学生很喜欢这种和教师、教辅人员的私人关系。若他们突然发现自己处于一种没有特点的教育体制下,而这种教育体制又要求学生更多地独立学习,这对他们来说很难接受。大一新生的课程都是通用的课程,都是以大班教学或讲座的形式进行的。在商学院或者计算机学院,学生参加一次讲座的人数经常突破 300 人。

虽然这两类学生之前的背景和经历不一样,但是他们在讲座过程中面对的一些挑战却是类似的:

- 理解讲座在他们的学习过程中的作用;
- 找到学习讲座的最佳办法;
- 找到记录学习的最佳方法,例如,做笔记或者给讲义做注释;

- 能够检查自己是否理解并向讲授者提问。

许多本科学校和专科学校通过学习技能工作室的确为学生提供了很好的帮助,并且会明确提出些问题。然而,特别是在教大一学生的时候,讲授者需要给出明确的指导,需要告诉学生他们希望学生在讲座中如何学习,什么时候放下笔听讲,什么时候记笔记等。在大学学习期间,学生的确将记笔记的技能当作最重要的技能。

学生起初认为(之后是根据个人实际经验)大学学习主要是记笔记,接着是分析信息(Blicharski,1999)。许多学生在第一学期或前半年努力寻找最好的记笔记的方法,寻找他们参加讲座的明晰的笔记,并且,总结的寥寥数语会使他们学习得更快。本书对他们的建议如下:

- 听讲授者暗示重要性的提示语,比如"主要观点是……这里包含了两个问题……"等。
- 听讲座的时候,要注意那些提示词——这里称为"语言的路标"。比如,"所以我们接下来谈第三个观点""我下个观点与此相反""相反,通过该观点你会相信……"
- 做笔记时多留点空间,以便稍后增添内容。
- 把自己的笔记和所给材料结合起来看,以便互相参照,重点突出,页边空白处记些笔记。
- 课后多复习笔记,复习将有助记住要点并消除误解。
- 和其他学生讨论。

作为讲授者,在这些指导意见中,哪些才是真正可以使用和依靠的,这点值得思考。我们肯定会强调那些重点并且增加我们给予学生以帮助他们组织重要观点的动作和视觉提示语。我们可以给学生一半或者部分指导学生做笔记的讲义稿件,这样学生自己可以去填补讲义材料,以提高他们的能力。我们还可以制造"复习"练习,以鼓励学生自己完成。

及时交换讲座笔记并总结讨论,可以帮助学生两次检查他们对讲座的理解,发展他们的技能。例如,讲座结束前5分钟要求学生写下自己认为最重要的三点,并且让学生告诉他们的同桌为什么会选择这三点,这样可以帮助信心不足的学生巩固之前的学习内容,增加他们要做就要做对的信念。

成熟型的学生很重视这样的请讲授者说清要点或者获取更多话题的机会。在学生较多的讲座中,交流意见是会出问题的。讲授者可以尝试组织那种学生自己可以提问的学习活动,或者设计那种能够对讲座中相关话题进行深入讨论的活动。

参加继续教育的学生大部分是成人学生,他们在大学里第一次在公众场合发言时不是很有信心。这可能是因为在大学里他们的班级规模较小而且并不正规造成的。他们也可能缺乏在图书馆、因特网中的期刊或其他文本中查找和评估学习资源的经验。讲授者在计划阅读书目和推荐阅读书目时,记住这点是非常重要的。

个人观点

以下是在不同高校和不同学科任教的教师对讲座包容性的思考和讨论。

哲学讲座中的包容性

也许我没有我想的那样认真地思考过包容性,但这三个问题的确和我思考过的包容性相关,并且这些方法是我之前思考出来的解决方法。

(1) 哲学专业的学生中,女生不多。数据表明,在美国,每年大概有25%~30%的女性能够获得哲学专业博士学位。2006,在美国顶端的20项哲学研究项目中,女性只占全部研究人员的19%(虽然很难获得数据,但是我怀疑英国的情况也好不到哪里去)。在普遍认为最好的七种哲学杂志中,女性工作人员的数量也较少。但是有较多女生在研究生课程中学习,且在优等生中男女的比例大概是五比五。这点上有些问题。我认为,造成上述现象的一个原因是我们让女生对哲学产生兴趣这方面没有做好,并且没有很好地鼓励她们继续深造。但是我们是否能做些什么,来改变一些职业中女性缺乏的情况呢?这里有两个我经常用来鼓励学生性别包容性的方法:① 我会努力在讲座中介绍很多女作家要求并推荐的讲座读物。② 合适的话,我经常在班上讨论一些女性哲学家用哲学思考问题的方式(比如,在一个环境道德模式下的生态女权运动、哲学艺术课程中的女性审美学)。后者的材料尤其重要,因为这些材料经常表明哲学本身评判性地对性别有偏见看法。这够吗?也许不够。但是我希望它能够使女生觉得她们能够对哲学有些贡献，并且这能够说明哲学研究项目中和哲学行业中女生明显不足。

(2) 我所教的大部分课程——哲学艺术与哲学美学，归为哲学审美大类。我们在这个领域里所讨论的文学、音乐以及其他例子来自于西方高等文化范围，而且我担心这会冷落某些学生。令人庆幸的是有些显而易见的解决方法——在课程之中我会贯穿某些西方高等教育准则之外的讨论，并且我会特别注意在讲座中提出普遍的、却是非西方艺术的哲学问题。我不得不承认这并不是我在讲座中讲流行文化的唯一原因（我是个 Buffy 粉丝，而且我已经出版了一份连环画），但这的确是其中一个原因。我希望这的确能够使某些没有经常接触所谓的"高等文化"的学生在参加哲学艺术考试时感到自然。在这里我应该说，让一些学生甚至是所有学生除了学习他们自身的专业领域外，还要学习一些其他的文化知识，这点是非常重要的。对于大多数学生来说，不仅非西方艺术学科可以使学生受益，而且西方传统文化的著作也可以使学生受益。

(3) 和包容性相关的、经常在讲座中出现的普遍问题是，有些学生听力有问题，他们听不清讲座。我知道仅在网上提供 PowerPoint 是不够的。但是，我确信给学生提供一个简单但是能够获得丰富的事先准备好的语言上的和视觉上的材料线索是最好的处理这种问题的方法。有些学生得到帮助，能够大大地获得某些讲座材料，学生能够在听讲座前就能做些笔记。我不得不承认，有时候要我在讲座前发送一份讲义稿件，这会令我非常沮丧——因为我是一个在课前最后一分钟都要修改稿件的教师——但即便我不习惯，我还得忍受这样的不便。而且我还是一个总是能够在讲座后发送一份修改好的笔记的教师。

（Aaron Meskin 博士，利兹大学哲学系）

护理学讲座中的包容性

当我在给护理专业的学生上课，谈到关于比例不协调的年轻加勒比黑人在英国得到的精神康复治疗时，我就要确保大家公平地讨论卫生问题，同时也要保证上课时气氛要和谐。我一直在努力为学生提供这样的学习环境，这种环境是尊重学生的，但又对不同种族和文化各异的学生来说是比较敏感的，并且讲座材料本身就有挑战性。例如，在讲课时会讨论为什么有那么多加勒比年轻黑人接受精神康复治疗，并且要学生继续思考那些可能一连串的"令人不舒服的"原因。这个问题会涉及精神病专家和护士。他们认为加勒比黑人病患者更加暴力（尤其是年轻的加勒比男性黑人），对于这些病患者采用更加严厉的控制方式，整个社会也认为加勒比黑人家庭不和谐或者存在病态。人们对他们有成见，人们认为他们采用这样的管理方式是因为加勒比黑人不遵纪守法，认为种族主义是造成加勒比黑人精神压力的一个重要因素。由于话题的性质，由于该研究结果表明这些不平等，这势必会使大家不安和不舒服——由于我们正在谈论他们在英国国民医疗保障制度的地位，这本身对他们就难以接受，但英国人却很骄傲，因为他们认为国民医疗保障制度能关心和帮助社会上那些弱者。他们是这制度的参与人。然而具有讽刺意味的是，对其他学生或者对于作为教师的我来说不起作用。而且，当我在教授这个话题的内容时，我总是会尖锐地意识到潜在的冲突、耻辱感或由讨论引起的尴尬。我会尽力以直接的、严肃的方式说清事实，并且不管学生们的种族背景，我都会和他们所有人保持一种稳定的、有规律的眼神交流。这个时候，不要和他们错过眼神交流或者很快就脱离和加勒比黑人学生的眼神交流，这点非常重要。同样的，最好不要专门只和加勒比黑人学生眼神直视，这种只和他们的"眼神渠道"的方式却可能会拒其他学生于千里之外，而且会显示出该话题尤其特别或者更独特，因而突显了差异和例外。当涉及其他敏感的或者更不显眼的但可能会影响某些学生的话题时，我也会这样做，比如说阿尔采末氏病、自杀、自我伤害倾向、失恋、性暴力或者饮食失调这些问题。关键是在讲述某个话题时不把某个学生作为事例。即便如此，教师总是可能会碰到给相关学生造成情感反感的话题。如果发生了这样的事情，接下来就得认真考虑关心下该生并且持续关心该生。

（Paul Crawford 博士，诺丁汉大学护理学院）

作为一项职业，护理吸引了很多人，年龄不同、背景不一、各种各样的人都有。这对那些教授理论课和临床实践的教师来说，很有挑战性。因为他们得让大家都能接受和掌握这些知识。

作为一位教师，我意识到我的讲座会给学生留下很深的印象，要么以积极的方式，要么以其他的方式。在讲一些重要的课程时，要意识到学生的文化差异。我会看下以前的教材并确保哪些问题已经适当地处理了,这点很有用。我讲授医疗保健道德和法律两门课,这些课程里都有一些敏感的话题要讲,比如堕胎。堕胎这个话题颇受争议,学生根据自己的文化或宗教信仰,或者个人经历,可能有自己的看法。我既要考虑到这个问题的重要性,同时也不能忽视这样可能会冒犯某些学生,或者会让他们非常生气,这个是非常有用的。因为我已经思考过这个话题,我深深地认识到我所教的课程对学生的影响。这使我讲授时尽量对学生少做些假设,并意识到在我所教课程中,要以某种较平衡的方式讲课。当回答学生问题时这点尤其困难,并且我费尽心思以一种合理的方式来完成(并不容易,如果我反对提问者惹怒我的观点)。

在护理专业的学生身上,我会用多种方式积极地了解学生背景的差异。例如,在讲述术前或术后护理时,我会问其他学生是否愿意透露他们自己的经历。年纪较大、心理成熟、阅历丰富的学生经常会从使用者的视觉出发说出些很有价值的观点,他们也经常更有信心说明自己的观点,即便有时候有赞扬该专业之嫌。在讲座中,当我要留些时间以了解学生的有价值的想法时,我会尽量注意分寸,以确保学生不会觉得是被强制性地说出那些他们不舒服的事情。为维持平衡,我也会通过提出另一方面的论点或者提出不同的观点来对学生的评论做出回应。

(Martin Towers 博士,利兹大学护理学院)

总结

在本章中提到的若干讲座的改写版本都会使所有学生受益,但是学生个人需求不同,受益程度不一。这些版本对于曾经退出这种类型课程却又要继续上的学生产生的影响也不一样。扩大学生参与程度不仅仅体现在让学生来教室里或者听讲座,学习的关键是有毅力并努力学习。当存在各种差异的学生经历一种个人转变时,我们经常用两个干巴巴的词,那就是"欢迎"和"支持"。对教学方法和学习方法的修改只是基本转变的一部分,而这部分要求"扩大参与"政策的成功实施。这场讨论已经超出了这里的内容,如果要咨询更多信息可查阅 HEFCE 01/37 and 03/15(HEFCE,2001,2003)。

 扩展阅读

如你想了解更多关于本章话题的内容,或者想得到更多切实可行的或技术性的建议,下面我们提供了少量的阅读书目,从中可以找到一些有用的信息。本书后面还有更详细的参考书目。

[1] Grace, S. and Gravestock, P. (2008) *Inclusion and Diversity: Meeting the Needs of All Students*, Key Guides for Effective Teaching in Higher Education. London: Routledge.

[2] Carroll, J. and Appleton, J. (2007) 'Support and guidance for learning from an international perspective', in E. Jones and S. Brown(eds), *Internationalising Higher Education*. London: Routledge.

有关残疾的文章出处:

[1] Doyle, C. and Robson, K. (2001) *Accessible Curricula: Good Practice For All*. Cardiff: University of Wales.

[2] Hayton, A. and Paczuska, A. (eds) (2002) *Participation and Higher Education*. London: Kogan Page.

第十一章　如何评价教学以及
如何提高自身教学

要成为一名优秀讲授者,需要按照约定俗成的标准来评价自己,根据获得的反馈不断地修正自己的相关行为,并不断循环该过程,逐步提高自身的技艺,增加自己的信心,按照自己原来所想更加享受教育别人的过程。我们使用的标准和聘请讲授者的方式要么是通过自我评价,要么是通过特定观察员评价,要么是通过学生评价。这些评价都依靠某些评价背景:抑或是通过形成性、发展性评价,抑或是通过总结性、判断性评价。此外,对某讲座的评价既要反映讲授者的经验水平,也要反映他是新手抑或是水平较高之人。本章会举出在教学评价过程中的主要标准,列出一些典型的教学评价技巧,并指出给予恰当的、令人易感知的反馈评价法。最后,本章会探讨一些常见的、由评价标准能够解决的讲座问题,并且给出解决方案。

优秀讲座的评定标准

下面我们列出的评定标准总结了前面章节多关于优秀讲座的建议。

下面这些标准是以一个观察人员在关注讲座中可能会提出问题的形式列出。

气氛

讲授者对学生展现了既恰当又专业的态度吗?

讲授者自我介绍了吗？

情景

- 这个话题是以比较令人鼓励的方式导入的吗？
- 学生的先前学习是否被激活？
- 与以前的讲座有联系吗？
- 有没有强调话题的重要性和关联性？
- 学生有没有学习的热情？

结果

- 讲授者有没有向学生说明学习的结果？
- 学习结果合适吗？与课程和学生现有水平相关吗？
- 在规定时间内，学生有所收获吗？
- 学习结果在学生可接受的认知范围内吗？

内容

- 在规定时间内，有没有适度讲解内容？
- 要讲的内容组织安排是否得当？
- 讲授者是否帮助学生学习了该内容？
- 讲授者的解释清楚吗？有没有举出很多例子？有没有使用图表和类比手段？

展示技能

- 讲授者发音清楚吗？他/她讲课时声音抑扬顿挫吗？
- 讲授者有没有使用黑板/白板？使用是否得当？学生能够读懂讲授者所写的内容吗？
- 讲授者有没有使用投影仪？投影内容清晰吗？文档大小合适吗？手写文稿清晰吗？
- 如果使用PowerPoint，幻灯片组织和设计得怎么样？在恰当的文本里有没有使用合适大小的字体？

- 讲授者有没有使用其他的 AV 贯穿于讲座展示中？（比如说视频，电脑动画等）
- 讲授者有没有设计或编写其他材料？
- 如果设计了互动环节，互动效果如何？学生有没有做好充分的准备？讲授者有没有鼓励学生参与讨论？
- 讲授者对于该课程有没有表现得热情高涨？他/她有没有表现得很感兴趣或者很鼓励人？
- 讲座时间的安排是否妥当？讲座节奏是否恰当？

结尾

- 讲授者有没有强调结论并总结要点？
- 讲授者有没有给学生一种成就感？

讲座评价

上述所讲的标准已经运用到各种各样的检查表和协议中，以评价讲授者。然而，如果这些标准要转化为一种测评系统，那么有必要知道这些是不是都那么重要，还是说有些标准比另外一些标准重要。同样，对于每一条标准，哪些是可执行的？哪些是可以接受的？虽然讲授者可以自我评价，但是通过有教学经历的评价者（专家、同行或者学生）进行评价也非常有意义。每种评价方法都有不同的偏差，并且使用稍微不同的评价标准。

外部评价

对于总体教学质量评估和讲座评估，越来越多的专业组织和协会已经有了很多建议和评价标准，并在教学技能方面提供奖金。英国高等教育基金委员会已经出台了专业技能型教师和学者型教师相关的标准。对于课程本身，课程中心已经建立了自己的标准，适合自己的学科领域和其他专业机构，如英国国家教育质量评定委员会和医务委员会。例如，他们会就什么被认为是良好的实践提供指导。不建议查看某些组织自己提出的评价表和协议表,因为那些可以从相关的网站得到,本章最后会列出来。

某些机构的外部评价人会用这些标准去评价某个讲授者的讲座,并会用获得的信息对某个团体、学校或系部整体的教学效果进行评价。例如,英国高等教育基金委员会教学评估员会对每堂课的课堂组织、教学进度、教学内容、师生互动、学习资源的使用进行评价,甚至对学生的学习结果进行评价。

同行的评价

同行的评价是在学校和系部(含有学术团体)内部展开的。该团体由几个或者某些人组成,他们在学术交流时会互相听课、评课,并给予反馈。目标是创立一个热衷于提高教学水平的教师团体。该团体开放、大气,会接受建设性的批评,会反省,以提高自己的教学实践水平。理想的参与者应该已经学完了基本教学培训课程,他们熟悉教学技能和评价标准。否则,该团体成员应该先集中讨论推荐的课程,分享他们对优秀教学应该是什么样子的想法,并得出适当的标准。参与者会使用他们学校或者部门认同的一系列标准,可能还要描述一下被推荐课程的整体教学结构、组织环节、课程的学习结果和那些需要特别关注和回馈的问题。

讲授者需要意识到:学校和系部可能会将同行的评价转化为一项正式的管理方案。该方案包含以提高教学质量为目的的模式和文本,以及给那些负责课程评估和发展的外部专家提供支撑材料。

学生的评价

人们有这样一种逻辑:学生应该评价他们所听的课程,因为从某种意义上来说,学生是消费者,讲授者是生产者。然而,两者之间的准确关系依赖于各种各样的因素。这些因素从学生对什么是教学的理解到讲授者对学习是什么的理解。例如,学生可能会认为在说教式的讲座中,教学仅仅是事实信息的传递而已,而讲授者也可能会认为学习不过是需要和学生互动、学生本人认真学习的个人构建过程而已。在这两种认知观中,可能存在着某种潜在的误解,明白双方存在的认识偏差很重要。尽管如此,在讲座中向学生提问仍然使许多讲授者受益匪浅,而各种形式的、正规的学生评教计划也孕育而生。

简单的反馈调查问卷含有开放性的问题,这种问题一般在课后或者讲座结束后才发送。简单的反馈调查问卷可能含有以下几个问题:

- 你认为该讲座最有益的部分是哪些?
- 你认为该讲座对你无益的部分是哪些?
- 你认为什么内容才使你感兴趣?
- 你认为哪部分最难?
- 你认为讲座中哪些部分需改进?

雷斯(Race,2001)提出的另外一套简易的体系则会询问学生:

- 哪些不要讲?
- 哪些要讲?
- 哪些还要继续讲?

大学生评教体系含有一些评教手册,该手册含有范围广泛的对某些特殊科目很有作用的标准。这些手册包含通用标准和特定学科标准,以便学生使用。

微格教学评价与反馈

上述的评价是由专家、同行或者学生做出的评价,他们的评价基于实际的教学环节。另外一种在大众接受的、虚拟的教学环境中用于培训课程的评价是微格教学评价与反馈。其中,要求讲授者在5~10分钟内简明扼要地展示教学内容,培训专家和同行都要观看。很明显,这是一种潜在的、非常强大的评价工具。例如,该评价工具能够使讲授者在相对可靠的环境中试验某教学手段。这种过程可以录制微格教学视频,并将该视频拷贝给其他专家和同行,以便日后通过教学反思来提高教学。

获得专家反馈或者同行反馈,这是较好的方法。专家和同行往往都会用手册的标准来评价,如果能由他们亲自指点,则会得到更多细致的评价。如果可能的话,课后专家应该及时给出反馈。不要急急忙忙,要有足够的时间给予反馈,以便授课者有时间反省。下面将介绍给出反馈和接收反馈的一些基本原则和给予反馈的方法。

给出反馈的基本原则

如果曾经听过课,这些是给出反馈的一些原则:
- 要实事求是——对那些能够改进的行为进行评论,明确指出授课者能做出的改进之处。
- 要细致入微——笼统评教无益处。
- 对授课者的教学目标要有敏感性。
- 要清醒地认识,不要过于挑剔。需要陈述行为(你上课打断了别人三次),而不要做出判断(你上课很专制)。
- 要有既说好处又指出问题的意识。只讲优点不能使人提高,只说存在的问题又会伤人。
- 如果可行的话,说出或者讨论提高教学的方法。
- 要迅速点评——拖拖拉拉会影响效果。
- 要有建设性——提出使别人能够提高的建议。

(改编自 Eastcott and Farmer,1992;O'Neill and Pennington,1992)

获得反馈的基本原则

- 要明确——如果必要的话,在反馈前,在别人听课之前,要明确你要寻求的反馈种类。
- 要有意识——注意你的反应,智力水平上的和情感上的。
- 要静下心来——如果你集中精力听而不是自己在那里解释或者为自己辩解,那么你会听到很多。特别要避免自己过重的防卫意识。
- 要清楚——清楚地知道同事对你说的是什么?如果第一次没弄清楚,就要问清楚,要经常检查自己是否理解正确。
- 要大方——要大度地参与整个反馈过程并且愿意学习。

(改编自 Eastcott and Farmer,1992;O'Neill and Pennington,1992)

给予反馈的方法

上述所列出的原则并不是建议在实际反馈过程中必须这样做,也没有表明谁要先说或者要如何开展评课活动。例如,评课人可以和授课者坐在一起，立即告诉他上课时哪里讲得不妥，接着给出一些提高教学的建议。从表面上判断，这看上去是个"富有建设性的反馈"。但是授课者的感觉会如何？没有人问他觉得这节课上得怎么样或者他认为该如何改进教学。对授课者而言，这是一次积极有益的经历，还是认为评课人责备了他们？

富有建设性的反馈应该以一种灵活的方式展开，以最大程度减少可能会不利于讲授者发展的负面情绪。现在已经研究出了一种简便方法。该方法竭力给出有益的反馈，授课者会将其视为一种积极的经历（Pendleton et al., 1984）。整个过程是以学习者为中心的，从授课者的经历部分开始。这包含讨论积极的教学成绩，接着处理教学过程中的问题，授课者从中可以获得有益的建议。就像做三明治一样，授课者被放在积极的评课过程和解决问题之中，因此称为"三明治似的反馈"。

当评课人看完授课者的讲座后，双方也许会坐在一起。评课人要做的第一件事情是询问授课者在讲座中他/她认为做得比较好或是成功的地方。注意，评课人是在要求授课者首先描述他们的经历并集中到教得较好的部分有哪些。有经验表明，如果简单地问"你觉得你教得怎么样？"许多授课者会开始说自己的不足。所以关键是慎重地问教得好的地方，并且要确保授课者在反馈的第一阶段保持这种情绪。

我们希望授课者会对于他们自己上的课至少正面讲述或者自评。因为授课者总是非常谦虚。所以评课人在听课时应该做笔记，在反馈时就可以通过对授课者的指点，突出他们取得的成绩。

接着，评课人应该询问授课者如何差异性地应对在教学过程中遇到的难题。请注意不是简单地要求授课者描述问题，而是要求授课者思考在那时的情景下解决问题的方法。

在听取了授课者的问题与相关的解决方案后，评课人可以针对这些问题，提出有益的建议。然而，如果评课人进一步找出了授课者没有意识到的问题，这可能会使得评价变得棘手。解决此类问题的办法是通过提问来鼓励授课者更加深入地思考该问题的解决方法。例如，如果评课人发现PowerPoint所含内容较多，评课人会问："你觉得幻灯片的信息量怎么样？"或者"你认为学生能够读完幻灯片上的全部信息吗？"我们希望这种"以学生为中心"的方法会促使授课者更加深入地思考他们上课的技能。

总之,评课过程大致如下:
- 要求授课者讲述实际的成绩,例如,"告诉我你认为这堂课哪里做得好"。
- 积极地回应,如果可能的话,讲述一下观察到的、比较好的教学方法,"我同意""我喜欢你讲述 X 的方法""我也喜欢你讲述 Y 的方法"等。
- 请授课者讲述如何处理在教学过程中的问题,例如,"在刚刚上课过程中你碰到的问题,现在有没有另外一种解决的方法呢?"
- 提出评课者对处理问题和提高教学实践的建议,例如,"是的,但是为什么不去试下呢 …… 努力集中精力 …… 下次你可以的 …… 对,这个是有用的 …… 你没有想过 ……"。

发展实践

有些人天生是做教师的料。他们自信满满、从容镇定,并且很快就学会了怎样成为一位专家型教师或专家型讲座人。然而,对于大多数人来说,要成为一名专家型教师或专家型讲座人,可能需要漫长的一段时间,而且在此过程中会遇到一些困难和挫折。因此,反思自己的教学过程,从错误中吸取教训,这相当重要。上完课后,自我评价和批判性反思也很重要,不管是自己独立完成这些过程,还是同事、朋友指出,抑或是导师指点。要成为一名"专业"教师,意味着要不断进行教学反思。

之前我们就讲过评价和反馈的技能,但是要想从自身经历中获得更多,就得写教学日志、教学笔记或者携带教学公文包,通过这些物品,可以记录教学,什么教得较好,什么教得较差,从中学到了什么。讲授者可以记录一份教学计划或者一份标有问题或难题注释的 PowerPoint;也可以反思为什么讲课的时间不够,是否需要删除一些材料;或者如果发现讲解某个概念有困难,可以考虑下次换个讲授方法。讲授者也可以保存学生对教学的意见和对学生评教的回复。这些材料不仅会激励讲授者不断成长,越来越优秀,而且当要应聘新的岗位或者升职时,该材料会十分有用。

讲座中常见的问题及其对策

以下讨论的是讲座中一些常见的问题以及解决这些问题的建议。

课程内容太多

这是讲座中最常见的问题。新教师总是高估了自己，以为能够讲授很多课程内容。他们真心实意地给学生讲授他们认为重要的内容、不愿意删减内容。他们也低估了在讲授过程中讲授概念要花费的时间。上述两方面因素结合便会导致新教师对时间把握不准，临近结束时讲授速度加快，学生一边听课一边记笔记的压力增大，最后的结果往往是不能在规定的时间内讲完准备的内容。有时由于学生提出的问题太多，这些新教师甚至没有足够的时间给学生讲完核心概念。

对策

对于想要讲授内容的材料要下狠心减少些。应该从整体上把握一场讲座，而不是只研究陈述细节。谨记"越精简越好"的原则。因为"涵盖"整个话题并不意味着学生学到了该内容。要善于运用讲义、书单，以及其他材料。在正式讲座前要进行预演并严格把握时间，特别要注意那些想当然认为的解释。预演时一般会比正式讲授速度快些。如果担心还有多余时间，就把这些多余的时间用来提问吧。

没有学习结果

这也是另外一个常见问题。讲授者一般会告诉学生这场讲座要讲授的内容，也认为他们讲述出了结论。学习结果是一种关于学生在听完某场讲座后能做什么的陈述，而不是该讲座涵盖的所有信息。标准的学习结果能够成为评价标准，为了有效学习，学生也需要提前知道学习结果。

对策

讲授者应仔细思考学生在学习完课程后会干些什么。是想让学生回忆些事实信息？还是想让学生解释某种事件抑或是描述事情？是想让他们画图表或者是描述图表？还是想让他们学会导出公式或者运用公式？是想让他们比较甚至对比数据？还是想让他们批判性地学习公理？这应该可以和课程协调员商议以得出适当的学习结果。每场讲座的学习结果应该符合整体课程结的学习结果，并且是形成课程标准评价的基础。

未能注意教学情境处理

有些讲授者做讲座时没有导入部分，或者没能和先前知识或者研究相联系，或者未能解释为什么该课题如此重要，而是直接讲授课题内容。这对没有专心听讲，或者未能理解这场讲座的重要意义，或者没有明白这场讲座的内容如何和整个课程融合的学生来说会有些困惑。

对策

讲授新课程时应尝试和之前学过的知识相联系，并且解释该话题的重要性、关联性和实用性。

离题

讲授者偶尔会偏离规定的课程内容，所讲授的内容虽然有趣，但是不符合教学大纲，因此严格意义上来说是离题的。以下两种情形中也常常会出现离题的情况：一是由非本校讲授者教学，二是未对缺少工作经验的讲授者的教学进行集中调控。

对策

应该全方位、多角度调整教学，并且所有讲授者都应该知道该学期所要求的所有课程结论。

落后的视听设备

无论是在书写板上,还是在黑板上,抑或是在悬挂在墙壁的透明片上,某些讲授者书写潦草,难以辨认。一些讲授者擦去刚刚写完的材料或者擦去某个公式或者图表接着重写,但是他们忘记了学生也要跟着重写。一些讲授者使用幻灯片时字体太小,把很多材料填满在一张幻灯片上,要不然就是幻灯片背景颜色和字体颜色相近,学生难以辨认。在展示幻灯片时,一些讲授者常常会选择关灯。其实他们没有意识到,这些幻灯片在正常的光线下也可以很好地辨认,但关灯这一行为却让学生容易睡觉并且很难做笔记。

对策

讲座中讲授者的书写难以辨认,这点是不能原谅的。一次讲座便是一次交流,因而要确保书写清晰、整洁,拼写正确无误。书写前思考一下自己要写些什么内容,并且做好版面设计。谨记学生可能会一直记笔记,因此要讲授的正文内容停留在幻灯片的时间要久些,不要不停地更换幻灯片,这样学生难以适应。展示 PowerPoint 时,至少要使用 24 号字体;不要整个正文都用大写字体;最好是使用诸如 Arial 或者 Comic Sans 的无衬线字体;正文的字体颜色也不要和背景颜色相近,颜色要简单。使用先进投影机时通常不要求将灯光调弱甚至关灯,光线良好能使人头脑清醒并且便于记笔记。

未能使用视听设备

有时候讲授者准备开始讲座时却发现自己不会控制灯光,不会使用电脑或者投影仪。有些讲授者有时花费约 10 分钟却还是操控不了上述仪器,接着便给随时待命的视听设备技术员打电话,直到讲授者学会正确使用相关设备才能开始讲座。

对策

讲座中要使用视听设备的,讲授者要提前到教室检查相关设备,并确保所有设备都能正常使用,自己还须知道如何使用这些设备;若设备出了问题,随时拨打视听设备技术员的电话。以便在讲座前把设备恢复正常。现代化的阶梯教室一般都配备了能够控制所有教学仪器的综合控制台。讲授者要确保自己会使用。如果阶梯教室在上课前没人使用,讲授者要练习使用该设备直至自己完全胜任,信心满满为止。

解释不佳

讲授中难免会有解释环节,讲授者有时会支支吾吾,解释时跳跃较大,甚至是没有解释。有时,讲授者的解释缺乏逻辑性,上下联系不紧密。有些讲授者有时甚至会给出不合理的解释。

对策

正式讲座前讲授者最好自己试着解释,直到解释通顺,合乎逻辑,自己满意为止。不要想当然地认为自己理解了该内容,讲授的时候就可以顺利地向学生解释。有时解释可能错误。这是因为理解了并不代表就能够为从来没有听过的人解释透彻。

讲授太快

正如前文所述,讲授者说话的速度太快可能是讲授内容过多造成的。有时,讲授者想快速结束讲座,也可能是过度紧张所致。

对策

第三章讲述过耐心,但重要的是讲授者需要合理组织讲座,井井有条地安排讲授内容,多做预演,并获得支持他/她的同事的评价反馈。

讲授枯燥单调,没有新鲜感

讲授者说话枯燥单调,整场讲座都是用一个音调讲话,没有抑扬顿挫,课程内容也用一种极其没有新鲜感的方式讲述。

对策

讲授者要练习调整声音,也可以参加发声培训课程,参加技能培训课程,努力使自己对所教科目有热情。

扩展阅读

如你想了解更多关于本章话题的内容,或者想得到更多切实可行的或技术性的建议,下面我们提供了少量的阅读书目,从中可以找到一些有用的信息。本书后面还有更详细的参考书目。

［1］Blackwell, R. and McLean, M. （1996） 'Peer observation of teaching and staff development', *HE Quarterly*, 50（2）：156-171.

［2］Brown, S., Jones, G. and Rawnsley, S. （eds） （1993） *Observing Teaching*, SEDA Paper 79. Birmingham：Staff and Educational Development Association, p. 96.

［3］Eastcott, D. and Farmer, R. （1992） *Planning Teaching for Active Learning*, Module 3：*Effective Learning and Teaching in Higher Education*. Sheffield：Committee of Vice-Chancellors and Principals/Universities' Staff Development and Training Unit.

［4］O'Neill, M. and Pennington, G. （1992） *Evaluating Teaching and Programmes from an Active Learning Perspective*. London：Committee of Vice-Chancellors and Principals.

［5］Woodin, J. and Beigy, A. （1999） *Tandem Observation*. A collaborative project between Leeds Metropolitan University （LMU） and the University of Sheffield, funded by HEFCE：DEVELOP （Developing Excellence in Language Teaching Through the Observation of Peers）. Leeds：Leeds Metropolitan University.

有用的网址

1. www3. imperial. ac. uk/edudev/teachingandlearningresourc-

es/peerobservationofteaching
 2. www.le.ac.uk/staffdev/tr/observation/
 3. http://escalate.ac.uk/resources/peerobservation/

附录一　支持残疾学生——法律视角

（摘自本书2004年第一版，最初由残疾人权利委员会提供指导改编）

1995年的"残疾歧视法"(the Disability Discrimination Act, DDA)2001年根据"特殊教育需求与残疾法"(the Special Educational Needs and Disability Act, SENDA)进行了修订，并从2002年9月起开始施行，自此，教育和相关服务提供者对残疾人的歧视行为成为违法行为。

在法律上，学院或大学为下列两类人的行为负责：
- 该机构在职期间的全职和兼职员工；
- 外请和客座讲授者等。

但是，如果明知属于歧视残疾学生行为，却没有及时制止，个别教师和辅导教师也可能要为协助非法行为负责。

该法对残疾人进行了广泛的定义，并要求各机构采取合理措施查明哪些人是残疾人。该法定义的残疾人主要包括以下人员：
- 有身体或行动障碍的人；
- 有视力和听力障碍的人；
- 有阅读障碍和失眠症的人；
- 有医学疾病的人；
- 有心理健康问题的人。

导师对残疾学生的歧视主要表现为以下两方面：
- 认为他们比别人"更差"；
- 由于其残疾而与其他学生相比处于"实质劣势"时，未能做出"合理调整"。

该法适用于全部或大部分为学生提供的活动和设施，包括：
- 教学的各个方面，包括讲课、实验室工作、实践、实地考察等；

- 电子学习、远程学习和教学资源;
- 考试和评估;
- 学习资源,包括图书馆、电脑设施等。

从教师的角度来看,立法的主要重点是需要明确对所采用的教学、学习和评估方法做出预期性的合理调整,以便让所有学生都能学习。

究竟做一个怎样的合理调整,取决于学生需求、课程要求、学术标准、机构的资源和调整的实用性(包括对其他学生的影响)。一般而言,合理调整可能是有助于减轻实质劣势的任何行动,例如:

- 改变体制程序;
- 调整课程,改编学生使用的电子材料或其他材料,或调整教学方式;
- 提供额外的服务,如手语翻译或大字体或盲文材料;
- 增强意识和培训员工与残疾人士一起工作;
- 改变实体环境。

"预期"调整意味着大学(和教师)应该考虑未来残疾学生可能需要做什么调整,并提前做好准备。"残疾学生 QAA 行为准则"(第 10 条)建议:

调整方案应考虑到残疾人的需要,或酌情适应其个人需求。机构应考虑做出安排,确保所有学术人员和技术人员:

- 规划和采用教学策略,使课程尽可能包容;
- 了解并理解他们所教的任何残疾学生的学习意义,并对学生的反馈做出回应;
- 对特定学生进行与其相适应的调整。

残疾人权利委员会正在为学生和机构提供调解服务,以便非正式地协调任何分歧。如果双方不同意调解,或者调解失败,学生或申请人可以向(英格兰或威尔士)县法院或苏格兰警长法院起诉。

保密

大学预计将采取合理的措施来了解学生的残疾情况。一旦大学知道学生有残疾,无论是因为显而易见(如可见),或者学生已经透露,该机构有责任不对其歧视。值得注意的是,如果一个学生告诉他或她的导师他们有残疾,那么从法律的角度看,这就等同于该学生已经通知了所在的大学。

  当然,学生有权利通过"数据保护法"和"残疾歧视法"对其残疾进行保密。然而,对于一些课程来说,可能存在特定的健康和安全要求,这意味着残疾学生为了自己和他人的安全必须告知其存在某些残疾。

附录二　有关特定残疾及其支持组织的更多信息

肌痛性脑脊髓炎协会：http://www.afme.org.uk

国家自闭症协会：http://www.autism.org.uk

心理健康基金会：https://www.mentalhealth.org.uk

为了更好的心理健康（MIND for better mental health）：https://www.mind.org.uk

在线艾斯伯格综合征信息资源：http://www.aspergersyndrome.org

皇家聋人研究所：https://www.actiononhearingloss.org.uk

皇家盲人研究所：http://www.rnib.org.uk

国家残疾学生局：http://www.skill.org.uk

大学生自闭症和阿斯伯格综合征：http://www.users.dircon.co.uk/~cns/index.html

参考书目

[1] Amare, N. (2006) 'To slideware or not to slideware: Students' experiences with PowerPoint vs. lecture', *Journal of Technical Writing and Communication*, 36(3): 297—308.

[2] Anderson, Lorin W. and Krathwohl, David R. (2001) *A Taxonomy for Learning, Teaching, and Assessing*. Boston, MA Longman.

[3] Andreson, L. (1994) *Lecturing to Large Groups*, SEDA Paper 81. Birmingham: Staff and Educational Development Association.

[4] Apperson, J. M., Laws, E. L. and Scepansky, J. A. (2008) 'Addressing faculty and student classroom improprieties: An assessment of student preferences for PowerPoint presentation structure in undergraduate courses', *Computers and Education*, 50(1): 148—153.

[5] Ausubel, D. (1968) *Educational Psychology: A Cognitive View*. New York, NY: Holt, Rinehart and Winston.

[6] Baird, D. E. and Fisher, M. (2006). 'Neomillennial user experience design strategies: Utilizing social networking media to support 'always on' learning styles', *Journal of Educational Technology Systems*, 34(1): 5—32.

[7] Barker, H., McLean, M. and Roseman, M. (2000) 'Re-thinking the history curriculum: Enhancing students' communication and group-work skills', in A. Booth and P. Hyland, *The Practice of University History Teaching*. Manchester: Manchester University Press.

[8] Bartsch, R. A. and Cobern, K. M. (2003) 'Effectiveness of PowerPoint presentations in lectures', *Computers and Education*, 41(1): 77—86.

[9] Baume, B. (2004) *Managing Classroom Difficulties*, Higher Education Academy Resources Database. www.heacademy.ac.uk/resources/detail/id472_managing_classroom_difficulties.

[10] Baume, D. and Baume, C. (1996) 'Learning to teach: Making presen-

tations', in Oxford Centre for Staff Development, Training Materials for Research Students. Oxford: OCSD.

[11] Biggs, J. (1999a) 'Enriching large-class teaching', in *Teaching for Quality Learning at University*. Buckingham: Society for Research into Higher Education and Open University Press.

[12] Biggs, J. (1999b) *Teaching for Quality Learning at University*. Buckingham: Society for Research into Higher Education and Open University Press.

[13] Blackwell, R. and McLean, M. (1996) 'Peer observation of teaching and staff development', *HE Quarterly*, 50(2): 156—171.

[14] Blicharski, J. R. D. (1999) 'New undergraduates: access and helping them prosper', *Widening Participation And Lifelong Learning*, The Journal of The Institute for Access Studies and The European Access Network, 1(1): 34—40.

[15] Bligh, D. (2006) *What's the Use of Lectures?* 5th Edition. Bristol: Intellect.

[16] Blix, A. G., Cruise, R. J., Mitchell, B. M. and Blix, G. G. (1994) 'Occupational stress among university teachers', *Educational Research*, 36(2): 157—169.

[17] Boice, R. (2000) *Advice for New Faculty Members*. Needleham Heights, MA: Allyn & Bacon.

[18] Bonwell, C. C. and Eison, J. A. (1991) *Active Learning: Creating Excitement in the Classroom*, ASHE—ERIC Higher Education Report No. 1. Washington, DC: George Washington University, School of Education and Human Development.

[19] Boyle, J. T. and Nicol, D. J. (2003) 'Using classroom communication systems to support interaction and discussion in large class settings', *Association of Learning Technology Journal*, 11(3): 43—57.

[20] Braxton, J. M. and Bauer, A. E. (eds) (2004) *Addressing Faculty and Student Classroom Improprieties*. New Directions for Teaching and Learning, No 99. San Fransisco, CA: Jossey Bass Publications.

[21] Brown, G. (2004) *How Students Learn*. http://routledgefalmer.com/series/KGETHE.

[22] Brown, G. and Manogue, M. (2001) 'Refreshing lecturing: A guide for lecturers', AMEE Medical Education Guide No. 22, *Medical Teacher*, 23(3): 231—244.

[23] Brown, S. and Race, P. (2002) *Lecturing: A Practical Guide*. Lon-

don: Kogan Page.

[24] Brown, S., Jones, G. and Rawnsley, S. (eds) (1993) *Observing Teaching*, SEDA Paper 79. Birmingham: Staff and Educational Development Association, p. 96.

[25] Bruner, J. (1968) *Towards a Theory of Instruction*. New York, NY: Norton.

[26] Burgan, M. (2006) 'In defense of lecturing', *Change*, November/December. www.carnegiefoundation.org/change/sub.asp?key=97&subkey=2105.

[27] Butcher, C., Davies, C. and Highton, M. (2006) *Designing Learning: From Module Outline to Effective Teaching*, Key Guides for Effective Teaching in Higher Education. London: Routledge.

[28] Butler, J. A. (1992) 'Use of teaching methods within the lecture format', *Medical Teacher*, 14(1): 11—23.

[29] Campbell, G. (2005) 'There's Something in the Air: Podcasting in Education', *Education Review*, 40: 32.

[30] Carroll, J. and Appleton, J. (2007) 'Support and guidance for learning from an international perspective', in E. Jones and S. Brown (eds) *Internationalising Higher Education*. London: Routledge, pp. 72—85.

[31] Carville, S. and Mitchell, D. R. (2000) ' "It's a bit like *Star Trek*": The effectiveness of video conferencing', *Innovations in Education and Training International*, 37(1): 43—49.

[32] Chafe, W. and Tannen, T. (1987), 'The relation between written and spoken language', *Annual Review of Anthropology*, 16: 383—407.

[33] Chin, P. (2004) *Using C&IT to Support Teaching*, London: RoutledgeFalmer.

[34] Clearly-Holdforth, J. (2007) *Student Non-Attendance in Higher Education: A Phenomenon of Student Apathy or Poor Pedagogy?* DIT Level 3, 5. http://level3.dit.ie/html/issue5/cleary-holdforth/cleary-holdforth_1.html.

[35] Coffield, F., Moseley, D., Hall, E. and Ecclestone, K. (2004a) *Learning Styles and Pedagogy in Post-16 Learning: A Systematic and Critical Review*. London: Learning and Skills Research Centre.

[36] Coffield, F., Moseley, D., Hall, E. and Ecclestone, K. (2004b) *Should we be Using Learning Styles? What Research Has to Say to Practice*. London: LSDA.

[37] Cohn, E. and Johnson, E. (2006) 'Class attendance and performance in principles of economics', *Education Economics*, 14(2): 211—233.

[38] Collett, P. (2003) *The Book of Tells*. London: Bantam.

[39] Colorblind Home Page (2004) (designed by Terrace L. Waggoner). http://colorvisiontesting.com/.

[40] Cown, J. (1998) 'How should I get started', in *On Becoming an Innovative University Teacher*. Buckingham: Society for Research into Higher Education and Open University Press.

[41] Crowe, C. and Pemberton, A. (2000) *Interactive Lecturing with Large Classes: Students' Experiences and Performance in Assessment*. University of Queensland, Teaching and Educational Development Institute. www.tedi.uq.edu.au/conferences/teach_conference00/titles.html.

[42] Dale, C. (2007) 'Strategies for using podcasting to support student learning', *Journal of Hospitality, Leisure, Sport and Tourism Education*, 6 (1): 49—57.

[43] Davies, G. D. and Jahn, A. F. (2004) *Care of the Professional Voice: A Guide to Voice Management for Singers, Actors and Professional Voice Users*, 2nd edition. London: A & C Black.

[44] Davies, P. (2003) *Practical Ideas for Enhancing Lectures*, Staff and Educational Development Association Special 13. Birmingham: Staff and Educational Development Association.

[45] Davis, Barbara Gross. (1993) 'Preparing to teach the large lecture course', in *Tools for Teaching*. Berkeley, CA: University of California. http://uga.berkeley.edu/sled/bgd/largelecture.html.

[46] Dennick, R. G. and Matheson, D. (2008) *Proceedings of the 13th Ottawa International Conference on Clinical Competence*. 5—8 March 2008. Melbourne, Australia.

[47] Doyle, C. and Robson, K. (2001) *Accessible Curricula: Good Practice For All*. Cardiff: University of Wales. www.uwic.ac.uk/ltsu/accessible.pdf.

[48] Draper, S. (2003) *Using Handsets at Glasgow University*. www.psy.gla.ac.uk/~steve/ilig/local.html#intr.

[49] Dufresne, R. J., Gerace, W. J., Leonard, W. J., Mestre, J. P. and Wenk, L. (1996) 'Classtalk: A classroom communication system for active learning', *Journal of Computing in Higher Education*, 7: 3—47.

[50] Durbridge, N. (1984) 'Media in course design', *The role of technology in distance education*, audio cassette no. 9. Kent: Croom Helm.

[51] Eastcott, D. and Farmer, R. (1992) *Planning Teaching for Active Learning, Module 3: Effective Learning and Teaching in Higher Education*. Sheffield: Committee of Vice-Chancellors and Principals/Universities' Staff Development and Training Unit.

[52] Edirisingha, P., Rizzi, C., Nie, M. and Rothwell, L. (2007) 'Podcasting to provide teaching and learning support for an undergraduate module on English language and communication', *Turkish Online Journal of Distance Education—TOJDE*, July 8/3(6).

[53] Edwards, H., Smith, B. and Webb, G. (eds) (2001) *Lecturing: Case Studies, Experience and Practice*. London: Kogan Page.

[54] Egan, M. (1997) *Would You Really Rather Die Than Give a Talk?* New York, NY: Amacom.

[55] Exley, K. and Dennick, R. (2004) *Small Group Teaching: Tutorials, Seminars and Beyond*. London: RoutledgeFalmer.

[56] Farkas, D. K. (2006) 'Toward a better understanding of PowerPoint deck design.' *Information Design Journal*, 14(2): 162—171.

[57] Farmer, M., Riddick, B. and Sterling, C. (2002) *Dyslexia and Inclusion: Assessment and Support in Higher Education*. London: Whurr.

[58] Ferrigno, B. J. (2007) *Teaching and Learning with Podcasting*. Podcasting at Columbia, Columbia Center for New Media Teaching and Learning. http://ccnmtl.columbia.edu/podcasting/articles/teaching_learning_with_podcast.html.

[59] Frey, B. A. and Birnbaum, D. J. (2002) *Learners' Perceptions on the Value of PowerPoint in Lectures*. Pittsburgh, PA: University of Pittsburgh, Center for Instructional Development and Distance Education.

[60] Gardner, H. (1993) *Multiple Intelligences: The Theory in Practice*. New York, NY: Basic Books.

[61] Gardner, L. E. and Leak, G. K. (1994) 'Characteristics and correlates of teaching anxiety among college psychology teachers', *Teaching of Psychology*, 21(1): 28—32.

[62] Gibbs, G. and the course team (1998) *Practice Guide 2: Lecturing*. H851, *Teaching in Higher Education Institute of Educational Technology*. Milton Keynes: The Open University.

[63] Grace, S. and Gravestock, P. (2008) *Inclusion and Diversity: Meeting the Needs of All Students*, Key Guides for Effective Teaching in Higher Education. London: Routledge.

[64] Gump, S. E. (2006) 'Guess who's (not) coming to class: students attitudes as indicators of attendance', *Educational Studies* 32(1): 39—46.

[65] Hall, G. M. (2007) 'Visual aids', in G. M. Hall (ed.), *How to Present at Meetings*. Oxford: Blackwell.

[66] Hargis, J. and Wilson, D. (2005) *Fishing for Learning with a Pod-*

cast Net. University of North Florida. www. unf. edu/dept/cirt/tech/podcast/.

[67] Harknett, R. J. and Cobane, C. T. (1997) 'Introducing instructional technology to international relations'. *Political Science and Politics*, 30: 496—500.

[68] Hayton, A. and Paczuska, A. (eds) (2002) *Participation and Higher Education*. London: Kogan Page.

[69] Hearnshaw, D. (2006) 'Will podcasting finally kill the lecture?' *Guardian*, 19 September. http://education. guardian. co. uk/elearning/comment/0,,1875286,00. html.

[70] HEFCE (Higher Education Funding Council for England) (2001) *Strategies for Learning and Teaching in Higher Education*, Report 01/37. www. hefce. ac. uk/pubs/hefce/2001/01_37. htm.

[71] HEFCE (2003) *Supporting Higher Education in Further Education Colleges: A Guide for Tutors and Lecturers*, Report 03/15. www. hefce. ac. uk/pubs/hefce/2003/03_15. htm.

[72] Hinton, B. and Manathuuga, C. (2001) 'The mobile phone', in H. Edwards, B. Sunim and G. Webb (eds), *Lecturing: Case Studies, Experience and Practice*. London: Kogan Page.

[73] Hoffman, B. ,White,A. and Aquino,N. (2005) 'Screen text readability: Ease, accuracy and speed of some common computer typefaces', IVLA Conference Proceedings.

[74] Honey, P. and Mumford, A. (1982) *The Manual of Learning Styles*. www. peterhoney. co. uk/main.

[75] Horgan, J. (1999) 'Lecturing for learning', in H. Fry, S. Ketteridge and S. Marshall (eds), *A Handbook for Teaching and Learning in Higher Education: Enhancing Academic Practice*. London: Kogan Page.

[76] Huann, T. Y. and Thong, M. K. (2006) Audioblogging and Podcasting in Education. Singapore: Educational Technology Division. Ministry of Education. www3. moe. edu. sg/edumall/rd/litreview/audioblogg_podcast. pdf.

[77] Huxham, M. (2005) 'Learning in lectures: Do "interactive windows" help?' *Active Learning in Higher Education*, 6(1): 17—31.

[78] Johnstone, A. H. and Percival, F. (1976) 'Attention breaks in lectures', *Education in Chemistry*, 13: 49—50.

[79] Johnstone, A. H. and Su, W. Y. (1994) 'Lectures: A learning experience', *Education in Chemistry*, 31(3): 75—79.

[80] Jones,D. (2006) *Enhancing the Learning Journey for Distance Education Students in an Introductory Programming Course*. Central Queensland U-

niversity. http://cq-pan.cqu.edu.au/david-jones/Publications/Papers _ and _ Books/react1.pdf.

[81] Jones, E. and Brown, S. (2007) 'Contextualising International Higher Education', in E. Jones and S. Brown (eds), *International Higher Education*. Abingdon: Routledge.

[82] Jung, C. G. and Baynes, H. G. (1971) *Psychological Types*. Revision by R. F. C. Hull of the translation by H. G. Baynes, Bollingen Series. Princeton, NJ: Princeton University Press.

[83] Keirsey, D. (1998) *Please Understand Me: Character and Temperament Types*. Del Mar, CA: Prometheus Nemesis Book Company.

[84] Klemm, W. R. (1976) 'Efficiency of handout "skeleton" notes in student learning', *Improving College and University Teaching*, 24(1): 10—12.

[85] Kolb, D. A. (1984) *Experiential Learning*. Englewood Cliffs, NJ: Prentice-Hall.

[86] LaPorte, R. E., Linkov, F., Villasenor, T., Sauer, F., Gamboa, C., Lovalekar, M., Shubnikov, E., Sekikawa, A. and Ryoung Sa, E. (2002) 'Papyrus to PowerPoint (P2P): Metamorphosis of scientific communication', *British Medical Journal*, 325: 1478—1481.

[87] Latreille, P. L. (2008) *Student Attendance and Lecture Notes on VLEs: Part of the Problem, Part of the Solution?* HEA, Economics Network. www.economicsnetwork.ac.uk/showcase/latreille_attendance.htm.

[88] Lee, A. Y. and Bowers, A. N. (1997) *The Effect of Multimedia Components on Learning*, Proceedings of the Human Factors and Ergonomics Society 41st Annual Meeting. www.humanfactors.com/downloads/july98.asp.

[89] Lee, D. (2006) *University Students Behaving Badly*. Stoke on Trent: Trentham Books.

[90] Lee, M. J. W. and Chan, C. (2007) 'Reducing the effects of isolation and promoting inclusivity for distance learners through podcasting', *Turkish Online Journal of Distance Education*—TOJDE 8(1): 85—105.

[91] Light, G. and Cox, R. (2001) *Learning and Teaching in Higher Education: The Reflective Professional*. London: Paul Chapman Publishing.

[92] Lowry, R. B. (1999) 'Electronic presentaion of lectures: Effect upon student performance', *University Chemistry Education*, 391: 18—21.

[93] Lujan, H. L. and DiCarlo, S. E. (2006) 'Too much teaching, not enough learning: What is the solution?' *Advances in Physiology Education*, 30: 17—22.

[94] Lucas, R. W. (2000) *The Big Book of Flip Charts: A Comprehensive*

Guide for Presenters, Trainers and Team Facilitators. New York, NY: McGraw-Hill.

[95] MacNevin, A. L. (2000) 'Effective lecturing and the use of body language', Saint Mary's University, Halifax, Nova Scotia, Department of Sociology, *TDC Newsletter*. www.uregina.ca/tdc/EffectLect.

[96] Mare, N. (2006) 'To slideware or not to slideware: Students' experiences with Powerpoint vs. lecture', *Journal of Technical Writing and Communication*, 36(3): 297—308.

[97] Mason, J. H. (2002) *Mathematics Teaching Practice: Guide for University and College Lecturers*. Chichester: Harwood Publishing.

[98] Massey, A. (2008) 'Looking after your teaching voice'. www.authenticvoice.co.uk/ATRES-voicecare-2008.pdf.

[99] Mazur, E. (1997) *Peer Instruction: A User's Manual*. New Jersey, NJ: PrenticeHall.

[100] McCarey, M., Barr, T. and Rattray, J. (2006) Predictors of academic performance in a cohort of pre-registration nursing students, *Nurse Education Today*, 27(4): 357—364.

[101] McElearney, G. (2006) *Podcasting for Learning and Teaching at The University of Sheffield*, Learning Development and Media Unit, University of Sheffield. www.shef.ac.uk/learningmedia/pdfs/PodcastingWhitePaper.pdf.

[102] Morgan, C. H., Lilley, J. D. and Boreham N. C. (1988) Learning from lectures: The effect of varying the detail in lecture handouts on note-taking and recall. *Applied Cognitive Psychology*, 2(2): 115—122.

[103] Morgan, M. (2007a) 'Evaluating ICT in education using the concept of mediation', ALT-C 2007, the 14th International Conference of the Association for Learning Technology, Nottingham, UK, 4—6 September.

[104] Morgan, M. (2007b) 'The three talks', in G. M. Hall (ed.), *How to Present at Meetings*. Oxford: Blackwell.

[105] Morgan, M., Butler, M. and Power, M. (2007) 'Evaluating ICT in education: A comparison of the affordances of the iPod, DS and Wii', in ICT: *Providing choices for learners and learning*. Proceedings ascilite Singapore 2007. www.ascilite.org.au/conferences/singapore07/procs/morgan.pdf.

[106] Myers, I. B. and Briggs, K. C. (2002) 'Myers-Briggs Type Indicator.' www.cppdb.com/products/mbti/index.asp

[107] Nicol, D. J. and Boyle, J. T. (2003) 'Peer instruction versus class-wide discussion in large classes: A comparison of two interaction methods in the wired classroom', *Studies in Higher Education*, 28(4): 457—473.

[108] O'Neill, M. and Pennington, G. (1992) *Evaluating Teaching and Programmes from an Active Learning Perspective*. London: Committee of Vice-Chancellors and Principals.

[109] Oliver, M. (1996) *Understanding Disability: From Theory to Practice*. Basingstoke: Macmillan.

[110] Paradi, D. (2003) 'Survey shows how to stop annoying audiences with bad PowerPoint'. www.communicateusingtechnology.com/articles/pptsurvey_article.htm.

[111] Parker, I. (2001) 'Absolute PowerPoint: Can a software package edit our thoughts?' *The NewYorker*, Annals of Business Section: 76.

[112] Pendleton, D., Schofield, T., Tate, P. and Havelock, P. (1984) *The Consultation: An Approach to Learning and Teaching*. Oxford: Oxford University Press.

[113] Piaget, J. (1969) *Science of Education and the Psychology of the Child*. London: Longman.

[114] Pitcher, N., Davidson, K. and Goldfinch, J. (2000) 'Videoconferencing in higher education', *Innovations in Education and Training International*, 37(3): 199—209.

[115] QAA (Quality Assurance Agency for Higher Education) (1999) *Code of Practice for the Assurance of Academic Quality and Standards in Higher Education: Students with Disabilities*. www.qaa.ac.uk/public/COP/COPswd/contents.htm.

[116] QAA (Quality Assurance Agency for Higher Education) (2000) *Guidelines on Preparing Programme Specifications*. www.qaa.ac.uk/crntwork/progspec/prog-spec-contents_textonly.htm.

[117] QAA (Quality Assurance Agency for Higher Education) (2003) *A Brief Guide to Quality Assurance in UK Higher Education*. www.qaa.ac.uk/public/heguide/guide.htm.

[118] Race, P. (1999) *2000 Tips for Lecturers*. London: Kogan Page.

[119] Race, P. (2001) *The Lecturer's Tool Kit*, 2nd edition. London: Kogan Page.

[120] Ractham, P. and Zhang, X. (2006) 'Podcasting in academia: A new knowledge management paradigm within academic settings', *SIGMIS-CPR'06*, April 13—15.

[121] Read, B. (2005) 'Lectures on the Go', *Chronicle of Higher Education*, 52(10): A39—A42.

[122] Read, B. (2007) How to podcast campus lectures, *The Chronicle of*

Higher Education, Section: Information Technology, 53(21): A32. http://chronicle.com.

[123] Reece, I. and Walker, S. (1995) *A Practical Guide to the Overhead Projector and Other Visual Aids*. Sunderland: Business Education Publishers.

[124] Rogers, B. (2006) *Cracking the Hard Class*, 2nd edition. London: Paul Chapman Publishing.

[125] Ronkowski, S. A. (2006). 'Research on successful new faculty: The quick starters', *Instructional News*. Office of Instructional Consultation, University of California Santa Barbara. www.oic.id.ucsb.edu/resources/Teaching/FY-Fac.html.

[126] Russel, I. J., Hendricson, W. D. and Herbert, R. J. (1984) 'Effects of lecture information density on medical student achievement', *Journal of Medical Education*, 59(1): 881—889.

[127] Salmon, G. and Edirisingha, P. (2008) *Podcasting for Learning in Universities*, Society for Research in Higher Education. London: McGraw Hill.

[128] Shakespeare, T. and Watson, N. (2002) The social model of disability: An outdated ideology? *Research in Social Science and Disability*, 2: 9—28.

[129] Shephard, K. (2005) *Presenting at Conferences, Seminars and Meetings*. London: Sage Publications.

[130] Sherin, N. (1995) *Oxford Dictionary of Humorous Quotations*. Oxford: Oxford University Press.

[131] Simpson, D. R. (2008) *An Exploratory Study in the Use of Modern Pedagogical Knowledge Portals with Traditional Lectures*. http://ssrn.com/abstract1265600.

[132] Somers, K. D. and Campbell, A. E. (1996) 'The lecture duet: An innovative technique to promote interactive learning in a traditional lecture based curriculum', in K. Exley and R. Dennick (eds), *Innovations in Teaching Medical Sciences*, SEDA Paper 93. Birmingham: SEDA.

[133] Springer, S. P. and Deutsch, G. (1993) *Left Brain/Right Brain*, 4th edition. New York, NY: W. H. Freeman.

[134] Stefani, L. (2001) 'We might have to learn it but we shouldn't have to think about it', in H. Edwards, B. Smith and G. Webb (eds), *Lecturing: Case Studies, Experience and Practice*. London: Kogan Page.

[135] Stuart, J. and Rutherford, R. J. (1978) 'Medical student concentration during lectures', *Lancet*, 2 Sep.; 2(8088): 514—516.

[136] Susskind, J. E. (2005) 'PowerPoint's power in the classroom: Enhancing students' selfefficacy and attitudes', *Computers and Education*, 45(2):

203—215.

[137] SWANDS (South West Academy Network for Disability Support) (2002) 'Preparing documents', in SENDA Compliance in Higher Education, SWANDS Project, University of Plymouth. www. plym. ac. uk/pages/view. asp? page3243.

[138] TA Handbook (2002) *Disruptive Students*, Centre for Teaching Effectiveness, University of Delaware. www. udel. edu/cte/TAbook/disruptive. html.

[139] Thompson, C. (2003) 'The 3rd annual year in ideas: PowerPoint makes you dumb', *The New York Times Magazine*, http://query. nytimes. com/gst/fullpage. html? res=9c00eedf163cf937a25751c1a9659c8b63.

[140] Timmins, F. (2002) 'Absenteeism among nursing students—fact or fiction?' *Journal of Nursing Management*, 10(5): 251—264.

[141] Tufte, E. R. (2003) 'PowerPoint is evil: Power corrupts. PowerPoint corrupts absolutely', *Wired*. www. wired. com/wired/archive/11. 09/ppt2. html.

[142] University of California, Santa Cruz, *The Instructors' Guidelines for Addressing Disruptive Students in the Classroom*. www2. ucsc. edu/sadiv/disrupt. stu. html.

[143] University of New South Wales (1991) *Code of Practice—Students with Disabilities*, Sydney, Australia. www. equity. unsw. edu. au/codeofpr. html.

[144] Vygotsky, L. (1978) *Mind in Society: The Development of Higher Psychological Processes*. Cambridge, MA: Harvard University Press.

[145] Wallace, S. (2002) *Managing Behaviour and Motivating Students in Further Education*. Exeter: Learning Matters.

[146] Waterfield, J. and West, B. (2002) *SENDA Compliance in Higher Education*. Plymouth: South West Academic Network for Disability Support (SWANDS).

[147] Wierzbicki, R. J. (2003) *The eLecture—In Search of a Better Way of Teaching*. www. wierzbicki. org/papers/The_E-Lecture-Vienna2003. pdf.

[148] Williams, E. (1992) 'Student attitudes towards approaches to learning and assessment', *Assessment and Evaluation in Higher Education*, 17(1): 45—58.

[149] Yoshinaga-Itano, C. (2002) *Diversity, Individual Difference and Students with Disabilities: Optimising the Learning Environment*. www. colorado. edu/ftep/diversity/div13. html.

索 引

白板 72—74
版权问题 84—85,110,135
帮助记笔记 161
榜样 118
包容性 163—165
  护理讲座 166—168
  哲学讲座 165—166
保密,残疾学生 185
背景/情境 28—32
比较式架构 35
比喻 38
便利贴 114
标志 30—31,36—37
播客 131
播客:优点与缺点 133—134,141
  案例研究 146—152
  版权问题 134—135
  不同形式 136—137
  定义 131—132
  技术 132—133
  讲座录音 137—140
  六个步骤 136
  学生的看法 142
  支持学习需求 140—141,143—144
  制度体系的支持 136
不同学科的案例 8—10

互动表决器 122—123
讲座架构 42—43 参考 案例研究
交互式讲稿 101—102
准备 21—25
不完整的讲义 97,114—115
布鲁姆分类法在认知领域的运用 3
步骤指示 19
残疾,讲授者的反应 67—68,156
  法律议题(附录一)184—186
  特定的类型和策略 157—162
  医学模式和社会模式 155—156
  支持组织机构 187(附录二)
测试 113
测试之前和之后 120
成本效益 5
成熟的学生,165
迟到者 66
抽象和具体推理 38
出勤率较低 68—69
脆弱感 54
打印笔记 88,88—91
大脑皮层功能研究 39
大型讲座:纪律控制问题 63,66—67
单调/无聊:采用多种方式避免 33—34,108—118,121
  传统的讲座 1

单调的声音 18—19,108,137—138,181
"当代艺术"讲座 9
地理讲座 9,124
点播 144
电子工程讲座 125
电子讲稿 133,144—145
定义,讲稿留足空间 96
动画片 84
多样性 33—34,108—118,121
发展实践 177
反馈 111—112,113—114,174—177
放松技巧 58
非西方艺术,包容性 166
非英语语言国家 153—154,162—163
分类指标 5
附加文本 96
附加信息讲稿 94
复习笔记 137
感觉不自然 54
高等教育基金委员会 172
高射投影仪 74—75
个别学生的任务 112
个人应答系统在遗传学讲座中的应用 128—129
更新讲稿 98
梗概型讲稿 93
攻击性 68
关联性/离题 30,179
观点/学生反应 121
管理和纪律问题 61—62
管理和纪律问题 61—62
归纳和演绎 35
过程式架构 34
害怕犯错 55
合理利用接触时间 19—20
核心/必要材料 17,19

黑板 72
后排聊天 63
呼吸技巧 57—58 案例研究 36
　　播客 146—152
　　幻灯片 88—90
　　交互式讲稿 101—102
　　运用互动表决器讨论 122—123
　　参考不同学科的案例
互动表决器 118—122
　　不同学科的案例 122—123
　　定义和作用 118—119
　　系列活动 121—122
　　相关设备 119
　　优点 119—120
　　运用 120—122
互联网和幻灯片工具 78,86—87
护理学讲座 42,124—125,166—167
化学讲座 43
幻灯片/PowerPoint
　　版权和知识产权 84—85
　　布局 82—83
　　打印资料 88,89—90
　　功能按键 86
　　加入数字图像、动画片和录像 84—85
　　快捷键 86
　　模板 82
　　设计幻灯片 81—85
　　图表 83—84
　　图像和图表 76—77,83—84
　　为学生提供指导 87—88
　　颜色 82
积极/主动学习 2,8,120—121
基于问题的学习/问题为导向 117—118,126—127
激活之前所学 29—30,38,120
激活之前所学 29—30,38

索引

激励性思考 39—40
    背景/情境 28—32
    不同学科的案例 42—43
    多样性 33—34,108—118,121
    架构:结束 41
    内容 32—40
    叙述 27—28,40
    准备 16—19
计算机技术 39
    电子讲座 133,144—145
    活动挂图 73—74
    交互式白板 73;参考互动式表决器;播客;幻灯片
    下载 100
加勒比黑人,包容性 166—167
假设归纳体系 36
见面及自我介绍 28,29,51
渐进肌肉放松 58—59
讲义材料/讲稿 21—22
    更新 98
    何时下发 99—100
    讲座前讲稿与下载 100
    使用 91—92
    投票 113
    信息提供者 92—94
    学生评估 99
    支撑互动与主动学习 95—98
    质量 98
讲座笔记 19,60
讲座的历史 1—2
讲座分支 122
讲座前讲稿 100
讲座中的使用 86—87
交互式白板 73
交互式讲稿 97,101—102,114—115
交互式讲稿 97—98
交互式讲座 105

不同学科案例 124—129
多样性 108—118   参考互动表决器
个别学生的任务 112
两人或小组活动 115—118
挑战 106—107
有助学习 105
焦点,架构 37
教学风格 49—50,106
教学情境 13—15,179
    背景/情境 28—32
    管理和纪律问题 61—62
教学日记 25
教育记录机构许可 111
结束 41
紧张和焦虑 53—54
    控制策略 55
    原因 54—55
    征兆 54
经典式 34
经济学讲座 24—25,147—149
具体和抽象推理 37—39
科赛人格气质量表 5
客座讲师 109
课程 7,10,179
课程领导者/设计者 14
课程文献 14
空间顺序 35
控制紧张的策略 55
类比 38
离题/关联性 30,179
历史讲座 10
连续式架构 34
两人活动 116
留学生(国际学生)153—154,162—163
流程图 19,96
录音 108,142

201

麦克风 49,138
面对挑衅行为 61—62,65—66
内容:数量 32—33,80—81,178
  播客授课 139
  传统的讲座 8
  架构内容 32—41
  准备 13,15—17
内容量 32—33,80—81,178
纽带 37
女性,包容性问题 165—166
评价/评估 15,122
评价标准 170—172
  反馈 111—112,113—114,174—177
  同行的评价 173
  外部 172—173
  微格教学 174
  学生的评价 173—174
屏幕录制 133
情绪/气氛 28,170—171
全科医学讲师 42
缺勤 69
人格分类 5
认知领域,布鲁姆分类法 3
色盲 158
生命科学讲座 88—90
生物化学讲座 42
声音:讲座时常见的问题 47
  传播 48—49
  单调;照料 46—47
  讲座录音 137—140
  有效利用 44—45
时间 19—20,112
时间顺序 35
实践学习循环 4
视力障碍 157—158
视频广播 133
视频剪辑 110—111,84

手语 160
书面语言和口头语言 45—46
书写反馈,113—114
数学讲座 21—22,124,149—152
说话的速度 45,181
思考类型 39
诵读困难 160—161
讨论,使用表决器 121,122
套图塑料膜的应用 75
提问/回答 97
提问/回答环节 111—112
体态语 109—110
填空式讲稿 95
听力障碍 158—160
同情(共鸣) 67—68
同行的评价 173
头脑空白及应对策略 60
投票 113
图 83,96
图表,讲稿中留出空间 96
图像和图表 76,83—84
图像和图表 76—77,83—84
外部评价 172—173
完成列表活动 96
微格教学 174—175
微生物学讲座 23—24
文本 81—82
文本 81—82
文化差异 109—110,162—163,168
问题 40
吸引注意力 29
吸引注意力 29
下载 100
小组活动 97—98,115—118
心理学讲座 9,127
新闻聚合技术 132
叙事结构 27,

选择材料相对必要/核心材料 17,19
学生评教 173—174
学习动机 30
学习风格 4—5
学习技巧讲座 22
学习结果 3,31,178
颜色 75,81—82
演示 110
一致性建构 2—4
医务委员会 172
医学和药剂专业,交互式讲稿 101—102
医学教育讲座 42,125—126
医学上的残疾模式和社会上的残疾模式 155—156
遗传学讲座 128—129
幽默 34,46,61
预想发布型播客 137
远程学习 142
增强自信 60,61—62;
  假装/效法 56—57
  缺乏 54
哲学讲座 146—147,165—166
征兆 54
知识习得、应用和解决问题
直观/视听教具:选择 71—72

落后 180
未使用 180
学习风格 39
直观教具 72—74,109,166
  图像和图表 76—77
  文字 76
  颜色 75—76
  预先准备 74—77
质量评定委员会 172
主动处理信息 16—17
准备:内容 13,15—17
  不同学科的案例 21—25
  过程 18—19
  合理利用接触时间 19—20
  讲座专家/学生视角 20
  结构 16—17
  开端 12
  控制紧张的策略 55—56
  评价 172—174
  情境 13—15
  问题及其对策 178—182
着装要求 50
总结,40,93,137
组织词语和句子 46
最初五分钟 59